宇城空手の真髄と継承（一）

共に未来へ

――親愛なる塾生たちへ――

創心館館長　宇城憲治
師範　榎本麻子

空手は４歳から始める
５歳の頃の榎本麻子（右）

朝稽古　右から２人目が榎本麻子（小学３年生頃）

宇城自宅前にて　1991年 11月　　左から　宇城憲治、座波仁吉師、榎本麻子

高槻道場稽古（コロナ禍自粛時　2020年 3月～ 5月、毎日）
左から榎本麻子、創太（小５）、麻那（中１）

合気エキスポにて（2002年8月 ラスベガス） 左より榎本麻子、宇城憲治、宇城拓治

アメリカ・ワシントンD.C. 空手セミナー （2019年5月）

創心館 総本部道場にて（2018年 8月）

大阪実践塾　一般・子供合同稽古（2023年 5月）

東京実践塾　合宿（2023年 4月）

大阪実践塾　合宿（2022年 6月）

刊行にあたって

人間の産みの親は両親である。人類の産みの親は地球・宇宙である。宇宙はすべての創造主である。地球上の生命体は宇宙の太陽がなければ存在し得ない。すべては調和し境界がなく融合してつながっている。

私たちは空気がなければ即死んでしまいます。その空気は目に見えず、普段空気の存在など気にもしません。気にしなくても生きていけるからです。

しかし武術の術を極めていくと、空気の存在がいかに大きいかが分かってきます。空気があるから生きているのと同じく、空気の中で自分が守られていることが分かってきます。

私がよくやっている「触れずに人を動かす」などは、まさに空気と一体化している証しです。またスクラムを組んで体当たりしてくる列の前に空気の壁を作ると、列は私に触れる前に跳ね返されます。そういう術の度合も修業の深化で変化し強力になっていきます。（拙著『人間と宇宙と気』のＱＲコードで実証動画が見られます）

その延長線上で、武術の究極とも言える「ゼロ化」現象も起こせるようになります。相手へのゼロ化は相手を無力化することであり、自分へのゼロ化は自分の心身が何事にもとらわれることなく自由自在になることです。このゼロ化は武術の究極「戦わずして勝つ」に向かう最良の術として必要かつ不可欠なもので、それは空気に溶け込み空気と一体になり、そこに自分を重くしたり軽くしたりする、すなわち重力の自在化があってこそ可能です。ですからゼロ化をあえて言葉で表現すると、「重力の自在化が創り出す異次元時空で可能となる術の一つ」です。

変化のあり方には今までの延長線上で起こる変化と、深さを追求することによって起こる変化があります。前者は今の延長線上での発見・進化で、過去の延長線上にあります。後者の変化は、深さによって創り出される今にない未知の世界にある新たな進化です。

具体例として、「素手で鉄に打ち込む」（本文140頁参照）を挙げますと、これは実際やってみれば分かることですが、誰がやっても激痛が走ります。にもかかわらず、私は自然体で空気を突くのと同じように鉄に打ち込むことができます。しかもそこには躊躇もなく、痛みもありません。

さらに次の段階として、鉄の上に第三者が手を置き、その上から打ち込みます。当然第三者には激痛が走り、骨折しかねません。しかしこの状態でも私は自然に打ち込むことができ、第三者の手に痛みは全くありません。またその突きの威力は連なった5人の列を吹き飛ばすほどです。この第三者の手を挟んでの打ち込みは事前に試すことができません。しかしその試すことのできない打ち込みがなぜできるのか。なぜ「できる」という確信が持てるのか。私の中には「できる、できない」という二者の発想はありません。先に身体が教えてくれるのです。「できる」と。

まさにこの鉄への打ち込みは、空気との一体化があればこそ可能であるのです。すなわちすべてとの調和・融合です。

この実証事例は今の常識になく、またその延長線上でできるものでもありません。それは今の常識にある「打つ」や「突く」は対立構図にあるので、打ち込んだ時は鉄と手の間で衝突が生じ、しかもその打ち込みが強ければ強いほど、手の痛みも激しくなります。まさに痛いということが、対立・衝突を証明しているわけです。しかし私の場合、鉄と手は融合し一体となるので、そこに衝突は起きません。当然痛みも全くありません。この一連のあり方を「実証先にありき」で示しているわけです。（11頁のＱＲコードからこの動画が見られます）

こういう実証は他にもたくさんやっていますが、そういうなかで見えてくるのは、新たな未知の開拓には、今の常識の根底をなしている対立構図を解き、調和構図への移行が必須であるということです。

既知の世界は5％、未知の世界、すなわちダークエネルギーとダークマターは95％と言われています。その未知の95％の中に現在の矛盾や課題を解決する道筋があることは明白です。その未知の世界に踏み込むには、すべての創造主である宇宙、そして私たちの存在する場所である地球に生かされていることへの気づきが必要です。まさにそれは今の我欲を超越し、感謝と謙虚さをもって生きることだと思います。

現在の延長線上の未来は、未来と言っても過去・現在を引きずっていく対立構図の未来です。それでは変化はあっても進化はありません。自然界は助け合ってという共生で成り立っていることが最近の科学検証で分かってきました。私たち人間界の未来も自然界と同じく「寄り添う」という調和構図にパラダイムシフトすることによって実現できると信じています。まさに「戦わずして勝つ」という武術の究極とそれを具体的にする「術」には、今にない平和の法則が確かなものとして秘められており、その術を身につける場として創心館宇城空手はあります。

今回、宇城空手の真髄を著わすにあたり、その一環として、榎本麻子師範が創心館宇城空手への道をどのように歩んできたのか、すなわち私の教えをどう受け取り、また彼女自身どういう稽古をしてきたのか、本人しか分からない道のりをオープンにしてもらいました。

塾生たちは、日頃の稽古で見ているところではありますが、この本が、親愛なる塾生たちのさらなる気づきの一助になればと思います。

今後シリーズとして、宇城空手の変化・深化・進化の過程をより詳細に綴っていきたいと思っています。

二〇二三年　五月一日

創心館館長　宇城憲治

動画【宇城空手の攻撃の威力】鉄への打ち込み／接近戦
https://youtu.be/U872E2Popu0

目次

第一章　宇城空手の術と哲学で生き抜く　19

創心館館長　宇城憲治　師範　榎本麻子　座談録

第一章

宇城空手の術と哲学で生き抜く

座談録

創心館館長　宇城憲治
師範　榎本麻子

師は太陽のような存在

榎本　昨日はものすごく晴れていたのですが、東京へ向かう新幹線から見た朝日がものすごくきれいだったのです。沖縄の友人が毎日海の周りの太陽をずっとネットにアップしていて、それを毎日見ているのですが、確かに景色のいいところの太陽は圧巻です。そして感動します。新幹線から見える太陽は、だいたい都会の建物と一緒に見えるのです。ただただその朝日を見ていて、太陽自身、どこから見ても魅力的だなと。太陽の魅力というのは、太陽そのもののすごさだと感じました。だから、先生は太陽だなと思いました。

場所はそんなにいいところではなくても太陽の光やエネルギーは変わらない。それだけ大きいエネルギーを持っているのだなと。

先生はどこに行っても溶け込む。だから国内や海外のどんなセミナーや体験塾でも、来た人が先生に引き込まれていく。そしてすべてを包み込んでいく。そんな感じがします。そういうように先生は本当に太陽だなと思いながら昨日新幹線に乗っていました。

先生の「やってみせる」という圧巻の魅力で、自分のこまごまとしたことが全部消えてしまいます。先生の次元の違う桁違いな技を前に、自分の理屈や考えで「では、こうするか、ああするか」と稽古することは、かえって遠回りになる。「！！！」というその感動に対し、「あ、自分のこれとは違う、あれとも全然違う！」というように、その差を感じていったほうが真っすぐ先生のほうへ向かっていけます。だから、先生からもらう圧巻の感動を忘れてはいけないといつも思います。

大事な太陽の存在を忘れないこと。それをひと月に一回、先生が稽古してくださることによって、またさらに感動し、エネルギーをもらう。そういうひと月に一回の稽古はすごくいいなと最近思います。

そういう「桁違いの学び」は他のどこにもないのではないかと思います。そこに気づくか気づかないかも自分次第なので、学ぶほうの力量、すなわち学ぶ姿勢も磨かれていきます。

自然界が教えてくれること

宇城　地球上のあらゆる生き物は、太陽がなければ死んでしまう。だから太陽の存在というのは理屈抜きに絶対なもの。そのなかで植物は光合成によってCO_2をO_2に変えて栄養を得ているだけではなく、共生、すなわち助け合いがあって成長していることが最近分かってきた。しかし人間の場合は、植物のように大自然の下《もと》、すべては共生して生きていけるということを感じる力がないわけだ。人間も本来そういう仕組みになっているはずなのだけど、そうなっていない。

そうなっていないところに何か大きな問題があるわけだ。全体が見えていない。自然界では全体の仕組みがはっきりしているのだが、人間界だけがそうではなく、部分化されている。全体という観点に立とうとすれば、あまりにも大き過ぎるため、私たちは思考の限度から部分化してものを見るようになり、それが全体をバラバラにしていった。そこに大きな問題がある。

部分は競争・対立を生み、究極は、戦争にいってしまう。人を蹴落としたり騙したり、極端に言えばスポーツでの試合や競争、教育の場における受験勉強も根底は同じ。

ところが自然界はそうなっていない。お互いにコミュニケーションをとって支え合っている。地中では菌糸を通して根っこ同士がつながって助け合う。地上で葉っぱが虫に食われたら、その葉っぱがその虫の天敵を呼んで虫を食べてもらうなど、お互いが助け合っている。人間は今そうなっていない。

人間の共生を教えている宇城空手

宇城　空手の組手の攻防を例にすると、宇城空手の攻防の仕組みは相手の攻撃を受けて反撃するのではなく、相手と調和することにある。すなわち相手の攻撃をゼロ化することにある。

相手の無力化だ。相手は無力化され力が出せなくなる。同時に自分に対するゼロ化もあり、それは自分が自由自在になることだ。そのゼロ化の術が根源にあるから、宇城空手をやることで部分体の攻防から調和という全体としての攻防の術が磨かれていくわけだ。

まさに調和・融合して成り立っている自然界に近づいていく。宇城空手はそういう術を組手の攻防を通して、一般的な「教える、学ぶ」から「気づかせる、気づく」によって指導している。したがって習う側も教える側も、互いに自らの悟りの中で気づいていく。

そういうプロセスを通してゼロ化を創り出す身体は、ものの見方、考え方も対立から調和に向かい、いわゆる共生とか、助け合うとか、寄り添うに向かうことになる。

まさにそのことを自然界ははっきり教えていることが、最近の科学技術の進歩で後追いながら解明されてきているわけだ。

しかし、その事実を「今分かった」と言っても、それは私たちが知らなかっただけのことで、何万年も何十万年も前、地球ができた時からすでにそうなっていたわけだ。それに対し、人間界は未だに大自然の理に逆行している。それはまさしく人間だけが考える思考を持ったからだ。思考は架空であって、自分の都合でどうにでもなる。つまり思考と「心身を通した真実」との間にはズレがあるということだ。そこに気づかせていくのが「宇城空手」だ。

その宇城空手の中で榎本師範が今に至るまで、どういう形で進化してきたのか、塾生たちがそのプロセスをより身近に見ていくことは非常に参考になると思う。昔の榎本師範だったら、攻撃してきた相手を、「守る」とは言っても受けてさばく守りだった。それがどんどん深化してきて、昔では考えられないようなことができるようになった。つまり「先」をとっての守りができるようになった。そういうところを今回説明してもらうと、塾生にもいろいろ参考になるのではないかと思う。

宇城空手を学ぶ日本の塾生はもちろん、アメリカ、ヨーロッパの海外の塾生を含めて参考になると思う。

師匠というのはそういう深化していく弟子を作っていかなくてはならない。そして榎本師範もまたそういう弟子を作っていかねばならない。今、榎本師範には子供空手の指導をしてもらっているが、とくに子どもたちに対しての指導は重要で、未来を切り拓いていける指導を作り上げているところは頼もしいなと感じています。

江戸時代であれば、腰に差した刀を実際に使えるかどうかは生と死につながるので、それだけ覚悟と真剣さが常に求められていたわけだが、今はスポーツの世界で勝敗は判定で決まる。そういう時代と比べると、生き方も当然違ってくる。時代は違うけれど生と死を土台にした侍のような生き方をベースにしたほうが、「宇宙に生かされている」という人間の本質に、より目覚めることができ、かつ今の真剣な人生、仕事に活きてくると思う。そういう侍的な生き方がつまった型をスタートにしてやってきた榎本師範に、これまでどんなことに気づいて、どんなことが分かってきたかを話してもらうことは大いに参考になり大事なことだと思う。

できなければ「分かった」にならない

榎本　最近今までで一番はっきりした変化がありました。それは先日先生に五つの型の稽古をつけてもらった時のことですが、型を稽古する時の、先生からは見えていても、自分では気づいていない様々なことを指導してもらい、最後にそれを復習する時間があった。指導してもらっている間は、「しぼる」とか「ハラに全部くる」とか言われても「どういうことだろう」と分からなかった。先生の言う「しぼり」と自分の「しぼり」は違うなということを感じながらの稽古でした。

　考えても分からないので、先生に言われたように先生の教えを追いかけてひたすら型の稽古をしていたら、ある瞬間に「あ、これかも！」と身体が思って、一緒に稽古していた塾生に試したら、今までとは全然違うかかり方をしたのです。

　それから最近先生がメリケンサック（鉄製武器）に対して突きをするという検証をやっていますが、この時気づきがあって、柱で試してみたんです。それは「できる気がしたから」

です。「いける、痛くない」と思ったのです。そして実際やってみたら痛くなかった。それで今度は塾生に対して同じ突きで試したら……。

宇城　今度はものすごく効いた。

榎本　そうです。

宇城　型の稽古が中心にあって、自分で「試してみたい」「打ってみたい」と思う時は、だいたい何割かができているということだ。

言葉では「ハラ」というのは丹田に近いものやそうでないもの、「しぼる」でもいろいろな意味合いがある。刀の握り方で、茶巾絞《ちゃきんしぼ》りという教えがあるのだけど、それらの受け取り方というのは、その人の力量によって10もあれば１００もある。目盛りが10の人が理解する「しぼり」はその程度しか使えない。１００の目盛りになれば、また全然違ってくる。

武術の術はできるか、できないかが分かりやすい。それは即、実証できるからで、実証して初めてそれが正しいかどうかが分かる。たとえば大の男を投げ飛ばす。やってみれば即分かる。そういう実践で試していく。そのできる元は型にあるのだけれど、その型を順序だけやっているのでは、話にならない。すなわち、いくら頑張って稽古しても使えなければ意味がないということ。

「丹田」や「呼吸」も、言葉で分かったと言っても、実際ほとんど分かっていない気がするね。たとえば5歳の子どもが大人8人のスクラムを簡単に倒したりすれば、これは力じゃないと分かる。力がある大人ができないのに子どもはできる。また大人である私は大人との腕相撲で、10人が相手でも、いや50人でも倒せる実証をしているが、まさにそれ一つを見てもそこに何か武術の術としてのすごいエキスがあるということなんだね。

宇城空手の稽古体系は、「型→分解組手→応用組手」に加え「居合」そして最大の特徴である「気」の三つを融合させ、それぞれのエキスを盛り込み進化させたものであり、分解組手は、型の実証として体系化したもので、従来の空手には全くないプロセスとメソッドを有しているから、今の常識や知識にないようなことができるんだけどね。

師匠ができ、そのできた型を受け継ごうとする時に、目盛りが10の人と、目盛りが１００の人、まして目盛りが１０００の人とでは全然受け取り方が違ってくる。

榎本師範の場合は、型や実証としての組手を見ると、その受け取り方の目盛りがレベルアップしているということだと思う。レベルアップの「答え」は実証できて初めて身についているということなんだね。

榎本　それを強く感じます。身体でちゃんと答えを出さないと、「できた」とは言えないし、「分かった」とは言えないことがよく分かりました。そのことがものすごく感動することでした。

宇城　できなければ分かったことにならないからね。

榎本　そう。そのことに感動しました。そういうことに気づく日が来るということも感動でした。だからやはり先生は全部が見えていて、ちょっと自分では見えないところを引っ張って指導してくれていることにあらためて気づかされています。いや確信になりました。分かった時に、初めて自分が分かっていなかったことが分かるのだと。

宇城　それの繰り返しだね。

榎本　それの繰り返しです。本当に。

宇城　「教える、学ぶ」という指導方法は、目盛りが最高でも10くらいしか作れない。ところが「気づかせる、気づく」の指導では、目盛りが１００でも、１０００でも、１００００にでもなる。目盛り10で「分かった」ということが、目盛りが50になったら、その「分かった」が、「分かっていなかった」と分かる。今度目盛りが100になると、その50の時の「分かった」が、また「分かっていなかった」と分かる。それがずっと永遠に続く。するといくらでも伸びていくわけだ。

それは自然の木と一緒で、自然体ですーっと伸びていく。そうなると他人がどうのこうのと言うことは関係なくなり、伸びていく変化に自分がわくわくする、楽しくなる。それが「悟り」なんだね。

自分の中でわくわくする、希望がある。この変化の続きをずーっと見ていきたい。まさにその連続が「死ぬ時が最高」につながっていく。死ぬ時が終わりという意味ではなくて、それが次の世代に結びついていくということ。そういうことを学べるのが基本であり型であり分解組手だ。

しかしその受け取り方が、従来の感覚でやっている人は目盛り10の人や、なかには目盛り自体がない人もいて、そういう人は学べるものはゼロ。あるいはマイナスになる。大切なのは謙虚になってそのことに気づくということ。それが自分が変化していくということだ。

人間を病いから救うシステム

宇城　目盛りがない人は、要するに部分体の型をしているということ。部分体の型というのは対立の型。心理学者のユングが部分とは病気でありその反対の全体は健康であると言っているが、まさしくその通りで、身体を統一体、すなわち全体にしていく。すなわち健康になるということ。まさにそれが自分にとって救いになるということだね。

持論である、

「進歩成長とは、変化することである。
変化するとは、深さを知ることである。
深さを知るとは、謙虚になることである」

このプロセスを踏めば、謙虚の反対、横着の「俺さえ」にはならない。それが現代の中で、武術空手を学ぶ意義となる。その変容を土台にして人生を歩むということだと思う。だから「救い」になるということ。

図1は宇城空手のシステムだが、宇城が引き継いだ沖縄古伝・座波空手の五つの型からさ

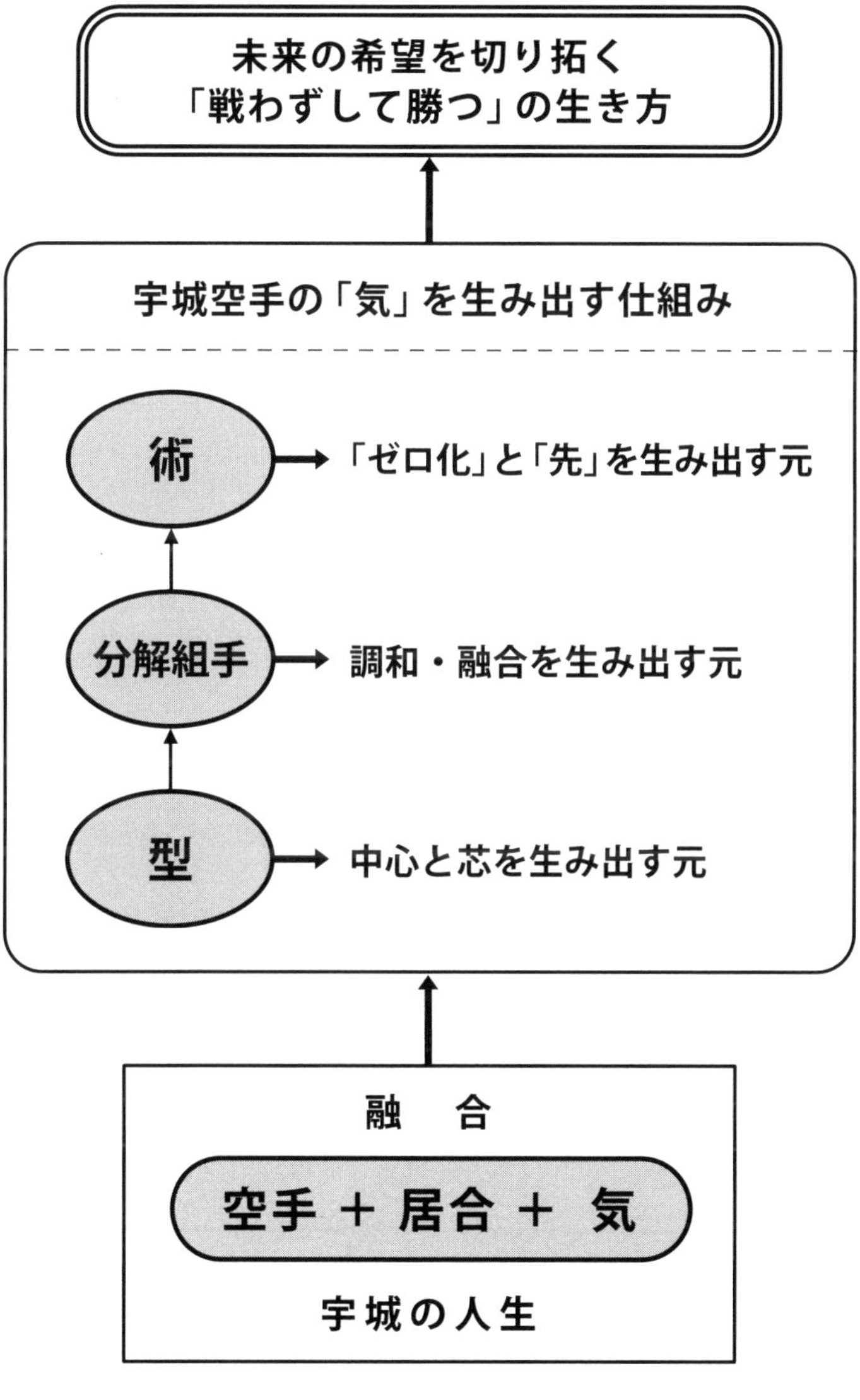

図１．宇城武術空手の仕組み

らに深化した型として、それは外面は今までと変わらないが、内面のあり方は今までになかったエネルギーを生み出す成り立ちになっている。その上に型を構成している挙動の検証として分解組手がある。この分解組手も、以前の分解組手からさらに進化した分解組手となっており、その上に自由組手がある。この一連の土台のステップアップを目指すのが宇城空手の進化と継承である。さらにその上に人生、社会がある。

まさに、そのプロセスは「変化すること、深さを知ること、謙虚になること」この三つをもって過去の自分から「変容」する。すなわち心理学者ユングの言う部分化された人間の「病気」を健康にして救ってあげるというもの。それは病院に行く病気のことではなく、人間としての病気から救うということ。

「宇城空手」はそういうプログラム、システムを持つ型や分解組手を作り上げているわけだ。さらにこれまでの生き方、すなわち技術者として商品開発をしてきた経験や、会社経営と並行して行なってきた空手、居合の修業、それに宇城の最大の特徴である「気」を融合した複合的なところから、宇城空手のシステムは生まれてきた。

単なる空手ではなく、その中に全部を盛り込んできた。現在、その空手を学ぶことで従来のあり方とは全く違う方向に行けることに気づく人が出てきた。そのことを誰よりも先駆けて分かってきたのが榎本師範ということだ。

「分かっていない」が希望になる

榎本　先生の「悟り」という変化は一番大きいと思います。それまでは「分かっていない」ということに、マイナスな気持ちになっていました。「分かっていない」と思ったら、この先に希望がないと感じていました。20代、30代の頃はそんな感じだったように思います。今は「ああ、そうか。もう全然分かっていなかったんだな」と気づく、そのことが、逆に希望になっています。この先に、どれだけ気づきがあるのだろうと、そっちに気持ちがいくというのが大きな変化だったように思います。

何が大きく変化したかというと、スピードが速くなった。指導してもらった時の内容が自分に入ってくるあり方とか、そこが以前とは全然違うということに、自分でも気づいているところかなと。

宇城　結局、器が大きくなったということだ。器が大きいということは、「自分を信じる」という自信が根底にあるということ。座波仁吉先生の教え「他尊自信」の他尊、つまり人を受け入れることができるようになったということ。受け入れられないのは、自分に自信がないということ。真の自信は相対の自信の中では作れない。絶対的な実践を通してでないと。信じるものは救われる。そこに気づいてきたということだね。

榎本　はっきり分かるのは、私が受けてきたこれまでの教育は、結果を合否で言われる世界。不合格だったら、はい落ち込む、という世界。ダメ＝落ち込むという感覚。先生の教えは、そんな世界とは絶対的に違います。

宇城　宇城空手には不合格はない。上手い、下手もない。

榎本　今指導している子どもたちでも、間違いを正したりすると、自分が間違っていたことに対して怖がったり落ち込んだりする。「分かっていないからやるんやろ」と言うのですが。こんな小学生の頃から自分はダメだと思ってしまうところに、何があるのだろうと。まさにそのことと先生の話とが一致してくるのです。私も同じで、間違いはダメだと思って落ち込むところがありました。最近そこから脱却しつつあります。

宇城空手を子どもたちに指導している時に一番感じることは、絶対的な世界を、自信を持って思いきって教えられるということ、そこが私にとってものすごく幸せなことだなと常々思います。

そのことによって子どもたちもどんどん変化していく。やはりそれは安心感だと思うのです。本来はそういう安心した環境の中で子どもたちが育つと、どんどん勝手に芽が出てくるはずなのです。自分が今まで受けてきた教育も、今の教育のあり方も、ちょっと違うのではないか。先生の教えを受けて、そこに矛盾を感じるようになったというか、答えがはっきりしてきたように思います。

私も子どもを教える時には、「教えて学ぶ」から「気づく、気づかせる」にならないと、と思っています。身体としては100点の子どもたちを教えているわけだから、自分が「教えて学ぶ」の世界でやっていたらストップしてしまう。その責任は大きいと感じたところですし、そこにくじけなかったのは、自分の前に言葉ではなくてやってみせてくれている宇城先生がいたから。そこに希望があって、何も心配はなかった。「やめたほうがいいんじゃないか」とか、そういう迷いは全くなかった。ただやるだけ、やるしかないというふうにやってこれたのです。

先生は本当に常に学ぶ姿勢を見せ続けてくれています。その姿に絶対的信頼があり、絶対の世界とは何かを私に見せてくれています。

電波のやりとりが「術」

宇城　「気づく、気づかせる」指導では、すべてを調和・融合させる目に見えない電波が出ている。次の事例は最近の科学実証実験で証明されたことだけど、その実験とは、プランターの真ん中に松を植えて、その両サイドに違う種類の木を植えて、両方の木に真っ黒な袋をそれぞれかぶせる。６ヵ月後、袋をはずしてみると、光合成ができなくて両方とも枯れているはずなのに、右の木だけは生き生きとしていた。なぜか。地中を見ると左側の木は真ん中の木との間がプラスチックで遮断されていて、右側はメッシュで仕切られていた。

メッシュのほうは遮断されていないので、真ん中の木の根っこの先の菌糸が右側の根っこに伸びていた。地上では袋で遮断されて光合成ができなくても、真ん中の木が右の木へ菌糸を介して栄養を送っていたわけだ。つまり助け合っていたことが分かった。

それまでは自然界の木々というのは競争に打ち勝って強いものが生き残っていると思われていたけれど、実は地中では根と菌糸によって互いに支え合って生きてきたというのが分かったわけだ。

地上では葉っぱがアブラムシに食べられていたとしたら、その葉っぱから出す電波が1キロぐらい先にいるテントウムシに伝わって、そのアブラムシを食べに来る。テントウムシの

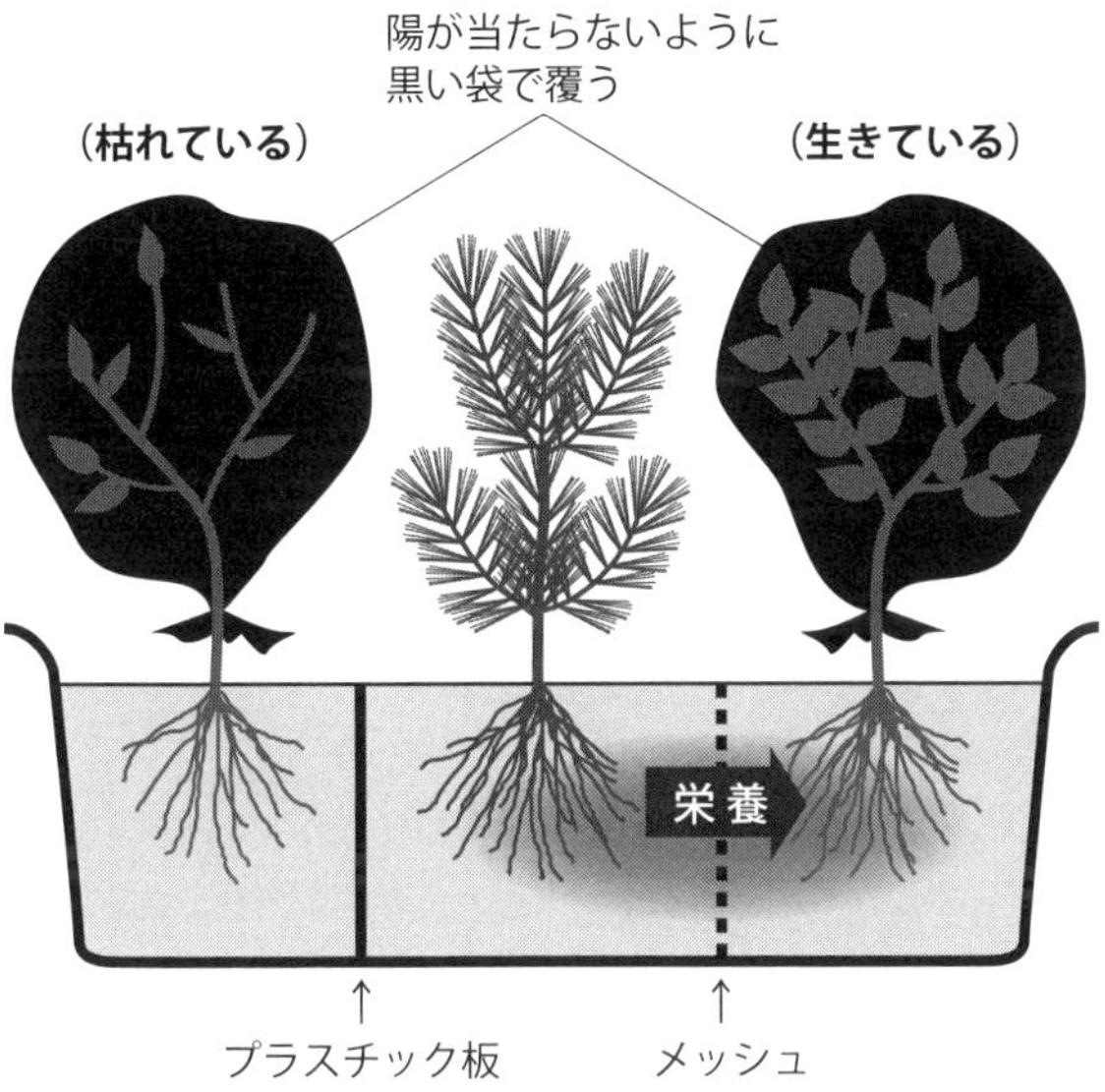

図2．助け合う植物

視力は0・01で、ほとんど見えないはずなのに、目に見えない電波に応えて飛んでくる。

それと同じで「術」というのは電波が出ないとダメなのです。「術」を医学と医術の違いで分かりやすく述べると、医学というのは、たとえばある患者のレントゲン検査の結果がステージ4の末期癌で、余命は3ヵ月だったとする。医者はそのことを患者に告げる。事実が伝えられたものの、余命が宣告されただけに患者はしょんぼり家に帰り、それを聞いた家族もショックを受けることになる。

一方、別の医者は、「ステージ4は事実でも、なかにはステージ4でも治った人もいるし、癌が消えた例もある。一番いい方法を見つけてお互いに頑張っていきましょう」と患者に寄り添う。患者の気持ち、大変さは変わらなくとも心のあり方は前者に比べて変わってくる。その前者が「医学」で、後者が「医術」です。患者からしたら全然違うわけです。

「術」というのは、相手と助け合うという心の会話。今そういう術が失われている。逆に今の世の中には、さらなる悪質な嘘とはったり、虚構がはびこってしまっている。

とくに最近は、若い人の自殺が増え、一方で「誰でもよかった」という殺人も増えている。ということは人間としての病い、すなわち今、人は部分化によって未来に希望が持てない、不安と怯えの電波に埋もれているということがその裏にあるわけだ。

そういうなかで今、武術が救いになる。それは武術に、戦うなかで助け合うという具体的で実行性のある術が存在するからだ。江戸時代には三つの勝ちがあって、

「打って勝つは　下の勝ちなり。
勝って打つは　中の勝ちなり。
打たずして勝つは　上の勝ちなり」

いわゆる「戦わずして勝つ」。まさにこれが救う術。言葉で言うだけでは精神論になるけれど、

実際に打ってくる相手を「ゼロ化」する、あるいは「先」を取って相手に入っていく。すると相手の手を封じることができる。

理屈や言葉ではなしにそういうことを実際に実現してこそ、その言葉もまた生きてくる。榎本師範がそういう境地に近づいてきているということは、すでにその下でも芽が出始めているということ。そして、それが何世代にもつながって変わっていく。変えようとするのではなく、変わっていく。変わるように変えていく。変わるように気づかせていく、ということが大事だと思う。

乗り越えるエネルギーをくれる宇城空手

榎本　今まで空手をやってきたなかですごく感じるのは、宇城空手は乗り越え方を教えてくれているということです。だいたい、ちょっと調子が悪くなった時に、人間というのは言い訳が出てくる。「これが限界なんじゃないか」とか「自分は精一杯やっている」とか「これが私の美学です」など。自分は若い時は若さでやってきて、それなりに乗り越えられたところもありましたが、出産のあとにくる突然の不調とか、そういう時、筋力でごまかしているだけだなというのが自分で分かっていて、一番大きかったのは、「もう空手はできないのかな」

という思い。当時は自分の小さい世界でそう思っていただけですが、そこをいつも「それは言い訳やろう」と気づかせてくれたり、もう一歩先を頑張るように導いてくれるなど、宇城空手にはそこが絶対にある。それが先生が言っていた「守る」ということ。

先ほど先生が言った、「一緒に頑張りましょう」と言えるお医者さんは、ずっと見守るぞというのがある。もしこれがダメだったら、こうしようというのをその時点できっと考えている医者だと思う。それが術なんだと。「あ、癌ですね、しかたがないですね」そういうのは宇城空手の指導にはない。

宇城　あきらめさせないということだ。私のドイツの塾生の奥さんで弁護士でもあるKさんが4年前にALS（筋萎縮性側索硬化症）という病気になって、その時ドイツで宣告されたのは余命3年、治療法なしだった。夫婦は4年前の12月30日に悲しみに打ちひしがれて来日した。そこで実施したのがドイツに帰国してからでも一人でできる宇城式呼吸法、それと私による気の手当てだ。帰国後はその気の手当てを日本から遠隔で続けた。最初の頃は月4回で、現在、月2回のペースでやっているが、4年経った今、彼女は元気で全然問題ない。体重も元に戻り、最初の頃は悲しんでばかりいたのに、今は笑顔で希望がある。

日本の塾生のA君も同じだ。10年前の2013年に頸椎《けいつい》損傷で緊急搬送されて入院、生死を彷徨《さまよ》い手術。その病院では同じ時期に4人が同じ手術をしたそうだが、現在では2人亡くなり、1人は心が病んでしまい病院を代わってその後は不明のようだ。入院当初からずっと気で治療してきたA君だけは元気で、あり得ないようなスピードで職場復帰し、今も空手を続けている。

今の状態から良くなっていくということは、何より本人に希望が出てくるということだ。希望は非常に大事。精神論より、具体的な心身で感じる希望。その希望は寄り添うということから生まれる。すなわちそこからエネルギーが出てくる。

相手も自分も、そこに気づくことができれば、今よりさらに人生を楽しく生きることができると思う。宇城空手は型を通してその具体的な術の存在に気づかせているということだ。

型だけでは精神論になるので、組手、それもハードな組手もする。しかもその組手では、相手をもちろん倒すが、倒すことが目的ではなくて、倒した相手もまた相手を倒せるというもの。つまりエネルギーの伝達だ。これが宇城空手の最大の特徴だ。

榎本　ウクライナとロシアの戦争が始まった時に、この時代においても、こんな時代遅れの戦争が始まるのだと、人間というのは変わらないのだなと思い、またこれだけで終わるわけはないと胸騒ぎがしました。もしかしたら徴兵制度が復活して、自分の子どもも戦争に行くというようなことがあり得るかもしれない。それは歴史を見れば明らかで、ぞくっとしたのです。

コロナの時もそう。最初コロナが始まった時は何がどうなるか分からなかったけれど、でもそのようななか、何も狼狽《うろた》えることなく今日まで過ごせたのは、宇城空手があったからです。先生が、戦闘機に乗る人は前日もあえて特別な料理は食べないという話をしてくれますが、その話と結びつくのです。

戦争になって戦う準備をするとか、政治を変えるために何かをするとかではなく、先生がちゃんと答えを見せてくれている。「この部屋から変化することができるんだ」と。逆にそこしかないと思った。塾生は希望をずっと与えてもらっている。先生がいつも答えを持ってくれていることが大きいのです。

生き抜く力、哲学をくれる宇城空手

宇城　今の戦争の究極は核もあるから、そのために地球が全滅してしまう恐れもある。核を持っているリーダーの道徳概念がしっかりしていなかったら、核は最強の人殺しの道具になる。一方で「そうさせない」という目に見えない力もある。そのエネルギーは地球、宇宙から発せられていて、目に見えず感じることもできないが莫大な存在だ。

そのエネルギーを受け止められるのが、私たち一人ひとりのあり方にあり、それが全体か部分かの違いだ。戦争をどうやって止めるのか。部分体の考えでは対立するだけで止められない。かえって大きな犠牲を生み、いろいろなものを破壊していく。

それはすべて人間がなせる業。いろいろ言われているけれど、基本はやはり人間が原因なんだ。人間の本質は全体性だが、部分になると支配欲とか悪い部分が出てきて、その究極の結果が戦争だ。そうではなく、いわゆる「寄り添う」という全体のあり方になれば、戦争を止める力が出る。そこに気づかせる。そういう教育が一番大事。宇城空手はそういうプログラムで構成されているわけです。

身体を通してものを考えることで培われていく。とくに子どもはそれが顕著だ。一回「身体で考える」を身につけると、三つ子の魂百までではないが、変わってくる。その子が学者になろうが、政治家になろうが、医者になろうが、いろいろなことを含めて、知識だけの詰め込みとは違う生き方になってくると思う。

そういう輪が広がっていったらいい。「こうしなさい、ああしなさい」ではなしに。その人が全体、つまり統一体という「寄り添う」身体を培うと、世界のどんなところに行っても調和・協調し、そして受け入れられる。それを一番望んでいるのです。

それを私の世代だけでなく、次の世代、さらに次の世代へと受け継いでいく。だから今が良ければという指導ではなく、永遠につながるような指導、だから自分自身も死ぬまで修業。

仕事に定年はあるけれど、人生に定年はない（笑）。そういうことだ。

榎本　どれだけ究極に追い込まれても、宇城空手があれば大丈夫。たぶん明日大地震がくると言われても、いつも通りに稽古をしている気がする。そのことを集中して考えている時というのは、結局守られているのです。

今までは「何かあったら、こうしよう、ああしよう、子どもをこうしなければ」というように考えるときりがなくて、常に不安だった。いっぱい荷物を持って不安になっていた。これではないな、という時に「宇城空手」があった。「宇城空手」があるから、逆にいつ地震がきてもいい。それが自然なのなら。戦争も含めて、地球上で起きる自然なことの中で、どんな状況でも生きていかねばならないというふうに考えさせてくれた。宇城空手にはそういう哲学がちゃんとある。

哲学も稽古と一緒でしっかりしている。その二つに救われていて、どんどん空手をやる気持ちになるし、またやればやるほど、守りたいものを守れるのではないかというふうに答えを見出せている。そこが私のものすごいエネルギーになってくれています。

「これしかない」「これや！」って思わせてくれるものがあるなんて、それだけで幸せです。幸せな生き方をしていると思えるのです。

サンチンの型はぶれない身体を作ってくれていると思うんです。先生の生き様も、ぶれないということを私はずっと見てきているから、やはりぶれない師匠がサンチンを教えてくれているから、サンチンがぶれないのではないかなと思っているのです。

指導者が一番勉強しなければならない

宇城　サンチンの型の挙動において「挙動」が理に適《かな》っていれば、電波が出る。そういう電波を出せる手本を示しているのだが、なかなかそこに辿り着けない。またせっかく電波を出しているのに、残心や残身が途切れて自分でぶっ壊している場合がある。そういう時は具体的な型の挙動と残心・残身のあり方で治す。その時の受け止め方が10の目盛りか１００の目盛りかで違ってくる。それは型の挙動だけでなく師の電波も無意識に受け止める必要があるからで、そこには謙虚さが要る。ところが自分の頭で考えて受け取る人間がいる。裏を返すとその人には電波が伝わっていないということだ。

誰でもあることだけど、榎本師範も若い時は素直に聞かないところがあった。それは目盛りが少ないから。そういう時、きつく言うとかえって素直でなくなるからやめて、見守ってきたわけだ。

ずっとこちらからは電波を出していたんだが、通じないということは閉じているわけだ。その蓋をまず開けさせるのに一番いいのは、本人の変化を目に見えるようにすることだ。その人の分かるところのちょっと上まで降りていって教える。その段階はそれぞれみな違う。一歩伸びると、少しずつ閉じた殻に穴があく。そうやっていくと、やがてたくさん穴があいていく。子どもはもともと穴がいっぱいあいているから指導者の「やってみせる」が大事になる。それを言葉で教えようとすると穴は閉じていってしまう。

榎本　まさに。そうなんです。

宇城　大人は閉じているからね。こちらは常に電波を出しているけど、閉じているから届かない。子どもは電波を出したらそのまま入っていく。また子どもも電波を出してくる。だからそこが大人との違い。子どもみたいな素直さを持て、と言うけど大人にはなかなかできない。なぜなら部分体の教育、部分体の教えを受けてきているから。まずはそこに気づくことではないかなと思う。

榎本　子どもを指導していると、子どもはすぐ真似るしすぐ変わる。同じことを大人に指導しても分からない顔をしているし、やってもできない。でも子どもは言えばすぐに変えることができる。それはずっと感じていました。だからある時から、子どもを指導するほうが楽になった。理解が早い。逆に言えば、先生がいつもおっしゃる、指導者が一番勉強しなければならないということも痛感しました。

指導者がその先の「映す」とか、電波で伝えるという世界に入っていくと嘘がつけない。子どもにはとくに。なぜならこちらの電波がそのまま通じるか通じないかだから。通じない時はこちらが電波を出していない時。そこに厳しさがあるけれども、指導している時は子どもの素直さが助けてくれる。そして子どもたちとの信頼関係を身体を通して作ることができると、本当に言葉は要らなくなりました。

子どもを指導している時は身体での会話ができるから楽しい。先生の言う、大人になるとどうしてもストップしてしまうというところを最近よく感じています。

宇城　空手塾だけでなく、教師塾などでも言うのだが、電波が出ていない言葉の指導には子どもたちの目は輝かない。目を輝かせるような指導をすることだ。そういうことに先生たちが気づき出した。

空手でも「気合を入れろ」的な指導は、指導者が電波を出していない証拠だ。自分さえ良ければの人は、電波を出せない。だから「来週試合だぞ」とか、「優勝を目指せ」とか、そういう引っ張り方になる。教育であれば、「どこの大学を受けるのか」「その偏差値じゃあかんだろう」とか、そういうことで引っ張っていく。勉強のおもしろさとか、スポーツのおもしろさで引っ張っているわけではない。

今そういう教育のあり方のツケが出てきている。だから指導者が一番勉強しなければならないということだ。勉強すると考え方や身体が部分体から統一体に近づき、電波が出るようになって自分も周りも変わっていく。

榎本　閉じているということ、まさにそうですね。今客観的に思い返しても、自分が当時そういう状態だったなというのが今はよく分かります。

「深く学ぶ」ということは、受験教育の学びやスポーツの学びにはない。今、私はその「深く学ぶ」を学んでいるのだと思います。

先生にきつく言われたら「がーっ！」となっていたけれど、自分の言い訳を独り言ですべて言い切ったら、気づいたら自分が悪いと分かる。それをしていない人が多い。最初から逃げている。きつく言われて固まってもなんでもいいのだけど、自分がどうしたいのか、そこに向き合わなければならない。自分と向き合うことを恐れている。

以前子どもの指導で、子どもの声が出ていないこととか、いろいろ先生に指摘された時、「いや、私は一生懸命やっていますけど」となったけど、それでは絶対に変わらない。それは指導者が甘いだけだから。私は宇城空手に感動し、その感動を子どもたちにそのままつなげたいから子どもの稽古を始めたのに、いつの間にか指導に力が入り一番大切なことが抜けていたのです。

だから今は全部見えるのです。以前の私は、何か課題があると、それは今の子どもたちの弱さだと思っていたけれど、ふと思ったのは、それを気づかせるようにしていくことが大事だということ。止まっている今を未来へと動かす、これが宇城先生という絶対的な師です。今ようやく先生の姿が見える。塾生の引っ張り上げ方をものすごく理解したように思います。

宇城　子どもの空手は誠であり嘘がない。それは心が素直であるから。もし嘘があるとすればそれは指導者、大人の責任である。誠とは心が素直で所作が自然体のこと。嘘とは作っていること。すなわち我である。宇城空手は誠を作る稽古。作っている空手は簡単でやりやすい。だからもっと作っていくようになる。誠の空手は難しい。それは誤魔化しがきかないから。そこに向かうのが稽古である。できれば早いうちに。それが子どもの稽古だ。

大人は子どもを教えながら人間の原点を学ぶことになる。まさにそこに希望ある今と未来が同居しているということだ。
誰であっても分かっていなかったことが分かったら、伸びていくわけだね。

榎本　分かった時に、自分の中でぽっと花が咲くような感じ、明るく柔らかく喜びとなる。それが嬉しい。「気づき」という枯れることのない花が咲く。

心技体の上にぶれない魂を

宇城　学生の頃はばりばりのスポーツ空手で瓦や板割りなどもよくやっていた。そのなごりで右腕の関節が曲がってしまった。手をもっと伸ばしたいけれど、曲がった関節が邪魔をする。それを今度無理にやろうとすると、肩に力が入ってしまう。そこで曲がった関節の腕を伸ばすためにどうしたらいいかを考える。寝ている時もこうしたらいいか、ああしたらいいか、と試行錯誤してやってみる。そしてある日真剣を振っていた時に、「これや!」という発見があった。

榎本　先生のすごさはそこなんです。自分に向かう。私も含めてだいたい言い訳に走る。あるいは違うことをしたりして、ぶれてしまう。だから師匠の生き様というのがすべてじゃないかなと思います。先生を見ているから、そういう思考、生き方が見えるようになってきた。先生は一人なのに、塾生の感想文を読むと、ものすごく異なる感想文が出る。稽古の捉え方、受け取り方に差があるというか。

宇城　まさに受け取り方の問題だね。

作者不詳だけど、

「手を打てば、鯉は餌と聞き、鳥は逃げ、
　　女中はお茶かと聞く、猿沢の池」

という歌がある。手をポンと叩いたら、鯉は餌だと思って集まる。鳥は鉄砲か何かだと思って逃げる。お茶屋の女中は「お茶ですか」と聞いてくる。取り方がいろいろあるという教えだ。

しかしまず音を出さなかったら何にもならない。だから手と手を合わせて「ポン！」と「無から有」を生じさせる。これがまず大事。そしてその手を叩くことによって、さまざまな受け取り方がある。それが鯉なのか鳥なのか女中さんなのかで違うのだけど、武術の術はその受け取り方を一つにしていかなければならない。指導者は取り方が違わないようにしていかねばならないということ。
しかし鳥にしたら危険を感じて逃げるのがいいし、鯉は餌と思って来るのもいい。でも餌と思ってきたら捕まえられるかもしれない。だからその状況のあり方、捉え方でその人は変化していく。そして一歩でも進化させていく、すなわち受け取り方、捉え方が、その人の最善になるよう、深さに向かう指導をしていくということだ。
猿沢の池では、そこまでは書いていない。猿沢の池のメッセージだけではもうひとつ足りない。それが宇城空手にはあるということです。

榎本 つまりその歌にはエネルギーのたとえが入っていないということ。

宇城 そう、そう。こういう歌もある。

「斬り結ぶ太刀の下こそ地獄なれ　一歩踏みゆけば極楽なり」

これは武術の立ち合い時のあり方を教えているのだけど、互いに離れすぎたら打ち込めない。相手を斬れるところまでいくと、今度は自分が斬られる。だからちょうど射程距離の間がある。そこが斬り結ぶ太刀の下で、そこが地獄になるかならないかの瀬戸際で、一歩踏みゆけば極楽ということ。一方でここから中に入ったらやられる。だからそこで止まる。その時にどうしようかな、という迷いがあると波が立つ。その時の心境を戒めるような歌がある。

「月は池に映るともなく
池は月を映そうとも思わぬ　広沢の池」

これは、師の心を自分に映す時のことを歌ったものだが、自分の心が波立っていては映せない。つまり心に迷いがあったり波を立てていては何も学べないということだ。

「どうしようかな」では入れない。少なくとも01（ゼロイチ）の二進法にしなさいと言っているわけだ。ゼロイチ、ゼロイチ……入るか入らないか、入るか入らないか……いくらでもスピードは上がるが、「どうしようかな」があると時間が止まってしまう。まさに「止心《ししん》を戒め、放心《ほうしん》を説く」、心を止めるな、という教えがあるけど、こだわりを解き放つことによってゼロイチのスピードは上がっていく。それが深さである。

しかしそういうものを論じるだけでは意味がない。実際それを実践していくことが大事なわけで、だからそこに言い訳がない。みなの場合だと「どうしようか」と立ち止まっている。そうかといって「いくぞ!」といってもバサッと斬られる。「やるぞ!」といっても、できなければ下がるしかない。ところが身体が極まると、その「やるか、やらないか」という二者択一が出てこなくなるんだね。答えは一つで、「やる」が出てくる。それを宇城空手は教えている。

一般的な捉え方は、入れないのはなぜか。「怖いから→心が弱いから」となる。「じゃあ、心を強くしよう。喧嘩して強くなろう」。このステップではなんぼしても強くならない。

なぜか。「心技体」という言葉があるね。よく相撲などで使われる教えだけど、「心」が一番上。ところが千秋楽で優勝がかかっているような勝負となると、心がぶれてきて体が硬くなる。心技体だけではぶれてしまう。だからその上にぶれないものが要る。それが「魂」で、この魂が統一体を作る。

いくらご飯を食いすぎても胃に穴はあかないが、悩みがあったら胃に穴があくことがある。つまり心技体の上にブレないものを持たなければならないということだ。

病気になると不安になる。心というのはそんなもん。刃の下では心に迷いが生じるが、「入る技」があれば迷わない。「入る技」の根源が「魂」なんだね。そこに至るには一生修業しても足らないと思うけど、それがまた修業だと思う。

頂上を見据えての試行錯誤が大事

榎本　中心に関してですが、中心の説明はすごく難しくて、まだ自分も中途半端なように思います。先生の中心と質は同じかもしれないけど、細さとか太さが違う。以前先生に中心について聞いた時に、「中心は太いとダメで、細ければ細いほどいい。そして最後は点になってなくなるのだ」と。中心についてはこ「これだ」と思ったら「違っていた」を繰り返しているので、今私には答えがないというのが分かるんです。

言葉での理解（頭）と、身体での理解には雲泥の差があります。頭で中心を理解していても身体での理解がないと、宇城空手では分からないという表現になります。

宇城　そういう繰り返しはあって当然だと思う。それが成長の証しだから、目盛りの段階が１００だとすると、それが５００、１０００になったらまた違ってくる。頂上が見えている試行錯誤は大いにあってよい。脱線しないから。

中心をコマでたとえると、まず芯棒がコマの中心にあること、芯棒がずれていたら何度やっても回らない。つまり、コマの用をなさないということだ、それと同じで型が使えるかどうかの検証としての分解組手は芯の問題なんだ。中心がずれていたら技はスムーズにかからない。できない人は、中心がずれたままで型をやろうとするから、技がかかるはずがない。中心ができてきたら、スムーズにいくようになる。スムーズさにも段階はあるけど。次はそこにエネルギーが出るかどうかが大事。分かりやすく言えばそういうことだ。

型は中心を作るのに最も適している。中心がしっかりしているコマほどよく回る。そしてその回り方が激しければ激しいほど、弾き飛ばすエネルギーが強く、しかも静止して見える。それがステップアップの証しみたいなものだ。

そのステップアップの一歩を、ちゃんと踏み出せるかどうかが大事。あっちの階段、こっちの階段と踏む人がいるが、それは遠回りになるので、その点師匠は弟子が階段を踏み間違えないように導かなければいけない。師匠は常に頂上を見せている。その頂上とは山の頂上と違って、固定ではなくどんどん高くなっていく。

そこが見えていたら、思考錯誤しても脱線しないわけだ。頂上が見えていない思考錯誤は脱線する可能性がある。見えているから脱線しない。しかし言われた通りにするだけもダメ。やはり頂上が見えている上で、自分の中の試行錯誤が大事なんだ。

榎本　先生のほうに行くための稽古、近づくための稽古で塾生たちが迷子になっているという感じがあります。自分も経験があるけれど、どれが脱線していることなのか、どれが工夫なのかが、たぶん分かっていない。でもだからと言って、怖いからと何もやらないのでは前に進まない。そしてそれは一番意味がない。

宇城　言われた通りにやるというのは一番ダメ。言われた通りにできるはずがないのだから。だから真似る。そうかと言って真似るのも簡単ではない。真似ができないから学ぶ。そこに「学ぶ、教える」がある。下手な人の真似は簡単だけど、上手い人の真似はなかなかできない。だから子どもがいい例で、子どもは親の癖を映す。癖ほど映りやすい。それはびっくりするくらいだ。だから子どもは親の鏡である。

また指導者が喧嘩早かったら、弟子も喧嘩早くなる。それは心を映すからだ。外見は鏡やビデオでも見れるが、心は映せないから、弟子に映して初めて分かる。ここに「教えて、学ぶ」という学びがある。それを指導者自ら勉強して変わっていかなくてはならない。「これでいい」というのは永遠にない、というのが分かればいい。「分かった！」という時は、分かっていないということ、明日もあさっても、それがずっと続くということだ。

ぶれない心身を作る型

榎本　その繰り返しのなかで、稽古で「分かった」ということより生活のなかですごく大事なものに気づいたんです。空手で型は大事だけど、私の場合は生活のなかでも、型がすごく大事だということに気づきました。それはいろいろ悩んだりした時に、型をしたら悩みとか嫌なこととかもう忘れている。嫌なことがあった時に型をすると、いつの間にか型に集中していて何を悩んでいたかも忘れるし、小さいことだなとも思うし、嫌な気持ちが全部消える。それがすごいなと気づいたところがすごく大きかったです。

子どもたちもそうで、稽古に来た時に、挨拶もできないくらいの状態で来る子もいるけど、稽古が終わると、その子が「ありがとうございました！」とめっちゃ元気になって雑巾がけをしていたり、「今日筋肉痛です」と来た子が帰る頃に、「ところで筋肉痛は？」と聞くと「あれ？」みたいに、帰りには忘れている（笑）。

宇城　やっぱりエネルギーが入っていくんだな。

榎本　だからそれがもう、型がそういう意味で大事だというのがある。そして小さな世界から大きな世界へと拡げられるのだと思います。型は大きな世界です。

宇城　大人でも来る時はしんどいけど、終わったら元気になる、仕事で悩んでいたけど、その後上手くいったとかいう人は多い。あれは精神論ではなくてやはりエネルギーが入るからだ。今の自分に答えを出してくれている。まさにそれは37兆個の細胞で個を成す自分に、空手を通して自らの細胞がその人に合った答えを出してくれるのだと思う。

榎本　物理的にも、先生が帯でがんじがらめにしばられても、ちゃんと型ではずしているのを見ているから、型はものすごく大事というのがずっとある。まさにお守りに近い。お守りは持つだけだけど、型は具体的に自分の中の絶対的なものだから、それを先生が証明してきてくれているから、そういう意味ですごく大切なものです。

宇城　周りから何十人に握られてもはずすことができる。しかもはずせるという答えが先に出てくる。「どうしようか」でははずせない。身体が先にそれを知っている。そこに身をまかせるだけ。それを教えてくれるのが型であり、それを検証するのが分解組手。そこまでいけばもう、あとはどんどん進歩していく。そして型がますますゆるぎない、自分を守ってくれるものだということが分かってくる。

榎本　サンチンをしている時、他のことは考えられないと息子が言っていたのですが、結局型でぶれない身体を作っているのだなと思いました。型を繰り返しやることで心身ともにぶれないものを作っていく。中学生くらいになると、そうやってちゃんと言葉で表現してくれるので、こちらも勉強になります。

小学校3年生のNちゃんは、サンチンをやっている時に、「カレーうどんのこと考えたら、嬉しくなってサンチンが止まってしまった」と言ってました（笑）。それぞれ表現の仕方が違うけれど、周りにちょっとでも気がいくと、何かがふっと切れてしまう。それは自分がなくなるからだと思います。

宇城空手をするとたくましく、強くなるのは、型に集中することができるからではないかなと思います。今風に言うと、自分軸が強くなる（集中力）。

宇城　子どもはそうやって集中できるから、強い。大人は頭でやるから、その集中が切れる。周りに気がいくと切れてしまう。

頭で考える人は孤立する。それが怖いから周りに合わせようとする。忖度《そんたく》に走る。大事なことは一人ひとりが自立するということ。すなわちオンリーである。オンリーワンではない。中心というのは、「中」と「心」と書くけど、一つにすると「忠」であり、裏切らないということ。それを作るのが宇城空手だ。

考えずに感じるが大事

榎本　確かに稽古している時に、子どもは何も考えていないのが分かります。子どもには稽古している時に芯がある、目が違う。大人とはちょっと質が違う。モードが変わる、目が変わる。それが空気を変えることになる。スイッチが入るのが分かる。

宇城　大人は考えるからダメなんだ。「考えずに感じる」ことが大事。子どもは感じ取ってそれをそのまま受け入れるからね。

榎本　それを大人は自分でも分かっていないというか。分かっている人もいるかもしれないけれど、自分で自分のことが分からない状態だから、感じなければあかんという先生の言うところに自分を持っていけないのだろうなと。そこにやはり宇城空手にいくためのひとつの鍵がある。自分が今まで生きてきた世界で先生の話を考えたり、自分の中に入れてしまうから、分からなくなるのだと思う。

「できた」と思うとできなくなるのも同じ要素で、ちょっと良くなるとすぐ自分でやった気になる。日常が良いほうにいった時も「先生のおかげ」という感謝がいつの間にか消えて自分のものになる。先生によって変化したことは自分で分かっているのに、自分の力だとすり替える。同じ大人として子どもたちに見せてほしくない姿であり、怒りを感じます。「努力」の深さがなさすぎて、すぐに結果を求める競争汚染の後遺症です。その癖に気づかない。

宇城 自分の器で見るから、それに当てはまらなかったら、「うーん」となる。プライドのある人ほど自分の主張を通そうとするわけだね。

榎本 それだともっと遅くなる。それが邪魔をするというか。

宇城 極端に言ったら、大人は毒蛇に手を出さないのと一緒だ。子どもは手を出しても噛まれない。蛇に毒があるとか何にも思わずに手を出すから、蛇もそれに対応する。大人は毒蛇と違うかな……と思って出す。その時点で蛇は噛む。ライオンもそう。怖いなと思ったら餌の対象になる。「ライオンは怖い」という先入観がすでに入っているから。その先入観がどこで入ったかだ。

私は蛇が嫌いだけど、その「嫌い」がいつ、どこで入ったか。蛇を抱く人も首に巻く人もいるが、とてもじゃないけど、私は触れることさえできない。毒キノコでも、昔の人はどれが毒キノコだかを見極める力を持っていた。動物もそうらしい。ゴリラなんか24種類くらいの葉っぱを食べるけど、毒になる葉っぱをちゃんと見極めるらしい。なぜそれが分かるか。植物と動物とがお互い会話をしているんだと思う。食べたらあかんぞ、とか。

中から出てくるものを育てる

榎本　子どもって目指すものがあったら勝手に勉強する。勉強しなさいと言って勉強するものではないから。自分の生きる道みたいなものを考えていかなくてはあかんで、というのは、宇城空手の教えの中に入れていて、自分はそういうふうな子育てができた。子育てに、どうしようかな、という迷いがなかったのが幸せだった。

子ども稽古にも、母＋宇城空手のコラボがとても活かされています。

宇城　だから二進法の生き方になっている。

榎本　ちょっと世間と比べて自分の子育てのあり方が厳しいのではというところを見てしまうと、子どもがそれでつぶれたら終わりやと思って、そこで止まってしまう。「では、今のあり方で子どもたちは未来を生きていけるんですか」というところに持っていけば、普通とか世間とかは関係なくなって、必要なことを決断していける。子どもも「えー!」とか「いやや!」とかがあまりなかった。いや、なかった。それが導くということなんやなと。

全くいい意味でその考え方に遊びがないから、子どもがぜんぜん言うことをきかないという悩みもなく、ぶつかることなくすーっときた。我が子を見ていても、宇城空手が学べているなというのはそういう部分。自分に集中していて、ぶれない。

先ほど目盛りの話を聞いていて思ったのですが、子どもの中でも目盛りの違いというのはあって、より深いほうにいったらぐっと集中する子と、ついていけなくてぼーっとしたり、時計を見たり、違うことを考えたりする。そういうのはすぐ分かる。子どもがすべてすごいわけではないけれど、ただ素直なセンサー、素直な心、身体があるから、指導者次第でどうにでもなる。指導者がそこに持っていかなくてはならないと思います。

やはり親や指導者に信念がなくてぶれたら、皆してこけてしまう。こちらは人様の子をあずかっているので責任があるし、自分がこけるのはいいけど、子どもたちをこけさせたら重大責任だと。大げさでなく、一人の人生がかかっている、そう思っています。先生に学んで、そういう考えが勝手に身についていったのです。そういう意味では、日常が中心になってくる。なんで重要かが分かるのは、やはり中心があるからです。

こういう子育てのことを自分としては悩むことなく突き抜けてきた。気づいたら自信を持ってやってきた。そういう話をすると意外と人に感心してもらえる。師匠がいるということはそういうことなんやなとあらためて思います。

考え方がちゃんと整うというか、しっかりとできている。それは勉強したからできるわけではない。その教えがちゃんとあるということが大事で、何かあった時にそれに気づくわけです。よく考えたら、ある程度年を重ねさえすれば大人や親になれるのです。だからしっかりとした師を持つことは必要なこと。

でも悲しいかな、そういうことに気づいている人が少ない。ちょっと子どもがすごいとなると、そこだけを取り上げて、わーっとなる。先生の学びの中で、子どものすごさの話を客観的に理解して、自分の中でしっかり見ていかないとと思う。理解が雑な大人だと、単に「子どもはすごい」ということで話をしてしまう。

宇城　子どもは何かを上手くさせるのか、好きにさせるかのどっちかだ。好きになったら当然上手くなるのだけど、上手くさせるというのは、外からの影響が大きく子どもには響かない時がある。好きになるというのは、中から出てくるもの。この二つは意味が違う。しかし好きにさせるために厳しいことをしたら、おもしろくないとなる。そうかといって、子どもに合わせたら堕落してしまう。

上手くさせようは外からのことなので、見た目になるから、内面が育たない。指導者が楽なのは外面の目標、たとえば試合を目標にさせればいい。「がんばれ」「気合いを入れろ」とやって1番2番と順位を目指すという指導は、指導者は楽。野球部員が100名いたら、選手として出られるのはほんの一部。出られないほうが圧倒的に多い。そこをどうするか。

野球を好きにさせることだ。好きになるというのは自発的なもので、好きになることで自らの創意工夫が生まれる。そのことは社会に出た時にも生きてくる。そういうことを野球を通して学ぶことに大きな意味がある。

選手はほっといても、好きになれば勝つ。極端に言ったら夏休みに1週間の練習の代わりにどこか被災地へボランティアに行って、帰ってきてから試合をするのと、1週間ずーっと試合のための練習をするのと、どっちが強くなるか。プロは別だけど、中学、高校というのは、前者のほうが強くなると思う。

よく空手の実証で、弱っている人に寄り添ったら強くなり、素通りしたら弱くなる、を体験させているけど、そういうことに気づいて、それを行動に移して、自分で自分の部分化、自分さえという病いをなくす。そこが大事だと思う。

第二章

人生を宇城空手と共に歩んで

創心館師範　榎本麻子　会見

（聞き手）編集部

切り替える力を子どもたちに

――榎本師範がこれまでやってこられたプロセスや今大事にされていることなどを伺えたらと思っています。今現在、師範が子どもたちへの指導で一番大切にされていることは何でしょうか。

榎本　子どもたちに指導していることは、道場に入ったら稽古に集中するということのみ。何か気になることがあっても、道場に入ったら自分に集中する。はじめはそうやって言葉がけをしています。

分解組手では自分がウワついてると、相手をもウワついた空気に巻き込むことになる。それは相手の稽古時間も台無しにすることになり、時には大怪我につながること。その事実を伝えると、子どもたちは真っすぐに、今何を一番大切にしなければならないかを瞬時に感じます。

はじめはそうやって声かけをして稽古姿勢へと引っ張りますが、積み重ねていくうちに身につきます。なぜ子どものうちが大切かというと、身につく時期だからです。身についたものは財産です。だからそれを分かって身につけさせる、導くというしつけをしている親は見守る子育てができていると思います。親が感情に任せて怒ったり、逆に怒らずに子どもにやりたい放題させているのは、見守るではなく、親の勉強不足でしかありません。しつけは褒めるのでもなく、怒るのでもない。しつける側が躾（全体）の意味を分かって導くことです。つまり、生きられるように育てる。そこに母親の感情や欲は不要です。

道場に礼をして入る時に切り替える。「構え！」と言ったら、ぱっと切り替える。そういうことから子どもたちに「切り替える」大切さを身体を通して教えています。なぜなら守るには「切り替えの早さ」が大事だからです。

今の子どもたちに感じるのは、その切り替えが弱い、もしくは知らない。だから単純に空手を通して切り替える力を育ててあげなければならないと思います。なぜ空手を通してかと言うと、宇城空手にその要素があるからです。稽古になると、モード、目、空気が変わる。本来すべての子どもたちはその素質を持っています。

ですが、私はその素質を奪っているものが何であるかがはっきりと見えています。その世界は広がる一方で、子どもたちの素質の発揮がますます妨げられる時代になっています。

ですから型なのです。型はまさに切り替えです。その切り替えがなかったら当然空手も遅くなる。そもそも日常に切り替えがなかったら、切り替えるという身体がないから、できないし、切り替えるという意味も分からない。そのことを言葉（頭）で教えてもできない。子どもは言葉で言えば頭では分かるとは思うのですが、身体でないと通じない。私が言葉で指導している時は、「？」という顔をします。逆にやって見せるとすぐにできます。そのことから言葉で教え込むことには疑問があります。

宇城空手の全部の型は、その切り替えが大事であることや「日常も同じ」ということを身体を通して教えているのです。

たとえば一つのことにずっと落ち込むのではなくて、ぱっと切り替えられるようになれば、そこから抜け出るのが早くなる。だいたい何かを引きずってくると、稽古もその延長でやる。だから「いつまで引きずっているんや！　空手に集中しや！」と言うと、それだけで、子どもはぱっと切り替えるのです。

切り替える力があるということは、結局エネルギーだと思うのです。それが弱いと生きていけない。宇城空手の要素には切り替えられる強さみたいなものがある。先生自身がまさにそうです。会社のことで何かあっても常に次の用意をしているとか。そうやって生き様も、切り替え、切り替えでやってきている。

だから切り替える力は、イコール乗り越える力なんですよ。日常でいろいろあっても、それは自分次第だと。いつまでも引きずったらしんどいだけでしょうと。

ナイファンチンの型

だから切り替えは守る力ですね。先ほどの先生の二進法の話がその要素に入っています。やるやらない。やるやらない……とやっていたらスピードが上がる。そこにつながる。つまり切り替えるということは、「二進法」。それは中心ともつながっている。そこにぱっと戻るには宇城空手では単純に型と基本、分解組手がある。

型はそうやって「自分を守る」という身体を作ります。絶対的な守りが身につくと、それが無意識領域で安心感（心）につながり、一つは一歩前に出ることのできる心身となります。もう一つは心が先に働くようになります。

モードが変わる。目が変わる。空気が変わる。こうした要素は、宇城先生が指導される際に重きを置いている姿勢であり、私はその影響を強く受けていると感じます。言葉での指導は、理屈の「こうです、ああです」になりますが、今言った要素は、宇城先生だから引き出せる導きであり姿です。

何かあった時にもやもやしていてもサンチンをやったら、いつの間にかサンチンに集中していて、嫌なことを忘れている。そういう時、宇城空手はすごいなと思うのです。

「宇城空手」とあえて言っているのは、他のサンチンをしていたらどうなのか、他のサンチンをやったことがないから分からない。でも「宇城空手」には、先生の生き様という根が張っている。家に伝うツタのように、先生の生き様がびっしりと。

誰を師とするのか、そういう意味で宇城先生を師にしていることは日本人として大きな誇りです。日本人（侍）はそもそも駆け引きをしない、真正面から正々堂々と戦う、という話を先生がしてくれます。残したい、受け継ぎたいその姿勢を日本文化として強く思います。

自分の大切さに気づけば稽古に向かう

――先生の学びからどんどん気づかれていく師範の姿は塾生へのものすごい刺激と学びになっています。これまでどのような気づきを経てこられたのでしょうか。

榎本　20代の頃は稽古は週に4回と数をこなしていました。大阪実践塾の稽古は当時は土日に続けてあって、しかも9時から5時まで、ひたすら型、分解組手、寝技をやっていました。寝技は押さえつけられたところからの技。分解組手、型の稽古の量がすごい。稽古している際、分解組手がだんだん速くなる。イチ、ニが早くなる。ゼロイチゼロイチ……でやっていって、なんかわけが分からなくなってやった時に、なんかあれ？（できる）、みたいな段階がくる。そこからすごく楽になっていきました。だから量をこなしていたというのは大きかった気がします。

そういう意味では今の塾生は圧倒的に稽古量が少ないと思います。ただし、当時から今に至るまですごい速さで宇城先生が変化・進化されているので、今、量がすべてということはないと思います。実際、その「なんかできた」は慣れであり、先生の教えの武術の理合ではないです。

それを「師範ができるのは昔からやっているから」というふうに思っているとしたら全部言い訳です。そういう考え（言い訳）に触れると、受験を目指したこれまでの教育がいかに個をつぶしているかが分かるのです。みな自分の存在の大切さに気づいていない。大切さに気づいたら絶対に稽古をやると思います。

先ほども言いましたが、宇城先生の指導には自らの生き様である「逃げない」という実践からくる、空気を変えるエネルギーがあります。

宇城先生は「量ではない」とも言うし、「量が足らん」とも言います。言葉だけで師の教えを追う人は心がない、責任の無い人。言われた通りにする（自分がない）という「素直」は、本来の「素直」とは質が違います。

自分を信じていないから集中しない。自分がかつてそうだったから言えるのです。今は自分を信じるようになった。そこまで先生が引っ張ってくれた。なぜ自分を信じられるようになったかというと、できるようになったからです。

だから先生が言われていた、「心技体」だけじゃない、その上に魂があるという話がよく分かるのです。「なるほどな」と思いました。そこに気づく先生は深いなと思います。

魂は術なんです。そもそも、生まれた時に自分に自信がある、ない、なんてないじゃないですか。いつ頃から自信がない、となってしまったのか。おかしいです。個をなくしている。子育て本をどうしても見てしまうのは、自分がないからです。不安だからです。その不安が大きい人ほど、自分がない人ほど、深くはまって依存してしまうのだと思います。子育て本に限らずですが。

守るという無限の力

榎本　その例として息子が離乳食を始めた頃の話ですが、「ん？　娘とは違う……」と思ったのです。食べたらかゆがる、顔が赤くなる、アレルギーでした。乳・卵・小麦・大豆まで出てしまい、「え？　何食べるの？」と一瞬パニックになりました。

でも次の瞬間、成長した息子が思い切り仕事をしている姿を思い浮かべ、楽しんで生きて欲しいという願いが湧きました。アレルギーのための料理には何の知識もない私でしたが、息子が生きていけるようにという思いが、勝手にアレルギーレシピを作らせ、それが子育ての軸になったのです。

誰かへの相談は要らなかった。食べてはいけないものを省く、食べられるもので治していく。また、いわゆる彼だけの特別食を作ることもしませんでした。家族全員同じものを食べる。だから、美味しく作ることにはこだわりました。

とにかく小麦、卵、牛乳、甲殻類、カレールー、シチュールー、マヨネーズ、麺類等々あげたらきりがないほど、それまで当たり前にあったものが我が家の台所から消え、台所はシンプルになりました。大阪人としてはとくに粉もん、焼きソバ、お好み焼き、タコ焼きですが、小麦、卵に加えタコにもアレルギーがあった。でもどうしても食べさせたいと、山芋、レンコン、ジャガイモを小麦粉代わりにするなど、他の料理もすべて、アイデアは無限に出てきました。そうやって勝手にスイッチが入り、あきらめない無限の力が出てきたのです。今はもうすっかり何でも食べられるようになりました。

とにかく迷いがなかった。守りたいものがある時には人間にはそういうスイッチが入ることを先生は教えてくれていたこと、まさにそれが私の体験でした。その時、母の愛と宇城空手（師の教え）の要素、あきらめない愛が巡っていたと、今、その時の私の姿に思うのです。そしてその姿や空気がまた子どもへと伝わっていることと思います。だから言葉じゃない。そして何よりもやり抜いた先で、一番潤ったのは私自身だったのです。

先生の組手はすべて型だった

――師範が徹底的にやってこられた型につきまして。

榎本　型は確かにやってきましたけど、型についてはこれまでいろいろぶれたところがありました。自由組手をしていなかったので。弟は自由組手をさせてもらえるのに、なぜ私はさせてもらえないのか、みたいな、そっちにいってしまったので遠回りになりました。それをけっこう引きずっていました。

先生はある頃から、雑誌などの取材で「型だ、型だ」と言うようになったのですが、そういうなかでも「型じゃない」と言う時期があって、合宿で「これから型を指導します」という時に「型じゃない」と言われたら、何も教えられないじゃないですかと、どうしていいか分からず、すごく困惑したことがありました。だから余計、自由組手をしないといつまで経っても指導ができない、自信がつかないという反発心がありました。

組手で顔が腫れるくらいやらないと分からないなら、やるしかないと思っていたこともあります。それでも先生は守れない人には絶対にやらせないという「守り」を大事にしていたことを後になって理解しました。それは怖さだけが残るからです。怖さを感じた心身はそれが癖となって残ります。身体の癖は頭で気づいてもなかなか取れず、遠回りをしてしまいます。

パッサイの型

でも、いつからだったか「自由組手で得られるものがない」と分かり出したのです。なぜなら型をやっていてもすぐに身体が浮くのに、瞬発で動く自由組手だとさらに浮いてしまう。しかも瞬発でこられたら、究極だから素人に戻ってしまう。そのことに気づいた時があって、「今まで何をやってきたのだろう」と思ったのです。

そこから先生の自由組手をよく見るようになりました。すると全部型が見え出してきたのです。「先生、すごい！」と。自由組手をわーっとやっているように見えて、そこに見えてきたのは、すべて型でした。「あ、型だ。先生は型をやっている」と。それから「型が大事だ」と思うようになりました。だから宇城空手は、自由組手より基本、型、分解組手をしっかりやるのです。実際、宇城空手を子どもからしている子は下がることを知りません。勝手に身についています。

自由組手で何も出てこないということは、型ができていないということ。「あ、やっぱり。自分は型ができていないんだ。ただ型をやってきただけなのだな」と、型が身についていないことが自分でよく分かったのです。だから逆に型が身につくように稽古しなければと思うようになりました。そういう教えが降りてきたのは、子どもを産んだあとでした。

母親という本業に戻るために

榎本　気づきの連続はここ最近のことで、とにかく20代、30代前半のことではないです。長女を生んで、2ヵ月くらいした時に、稽古に復帰したのですが、骨盤がまだゆるゆるで、気持ちが不安でした。黒帯の塾生と分解組手をした時に、ぱーんと思いっきり投げられたことがあって、それがショックでした。そもそも産後2ヵ月で復帰も無茶をしています。

「えっ？」と思って、どうやって空手をしていたかが思い出せなかった。その日は一生懸命思い出そうとしてやっていたのですが、家に帰ると、1日中空手を力いっぱいやっていたものだから、手が震えて長女を抱けず、焦りだけで復帰してしまったのだなと今ならはっきり分かります。

それだけスポーツ的に宇城空手をしていたということです。それが、いくらすごい師に学んでも、自分次第で全く違う空手をすることになると気づいた時でした。それがショックでした。「何をやっているんだろう」と。同時にもう引退かなと。空手をやめなければならないと思って、すごく悲しくて泣きました。でも次に稽古に行った時に、やめる選択がどうしてもできない自分がそこにいました。

そして空手をして母親もする、両方やるという自分なりの答えが出てきて、力を抜くということが中心になっていきました。空手の稽古から帰ったら母親にならなくてはならない。

だから子どもを抱ける母に戻れる空手をしなければと。そういうところから、先生の「力じゃない」というのが入ってきたのだと思います。言葉ではずっと聞いていましたが。

そういうふうに先生はいつも救ってくれる。それが先生が言う「穴」じゃないかなと思うのです。穴があくからそこに先生の指導が入っていく。その繰り返しです。ですので、あきらめたら終わりで、深さには絶対にいきません。空手をやりたいという気持ち、何かに対して強い気持ちがあるからこそ、先生の空手が、教えが、守ってくれるのです。

何かにつまづいた時、壁にぶつかった時、素直になるという力を先生の学びからもらったのかなと。それが「切り替えが大事や」ということにもつながるわけです。だから自分がいつの間にか大事にしている「切り替える力」というものを指導しているのだと思います。

無心でできた剣の稽古

――最近始まった剣の稽古についてはどうでしょうか。

榎本　剣に関しては、土台があったかと言われればあったのかもしれないですが、そんな意識はなくて、自分の中では逆に「全員初めて」というのがよかった。へんなプレッシャーから解放されたのが剣の世界でした。できなくて当たり前が無にしてくれました。

空手は4歳の頃からやっているから、どうしても意識してしまう。先生からは、お前たち二人は塾生に実力で抜かれた時は、空手をやめなければならない、と言われてきたので、剣ではそのことから解放されているので、無心でできた気がします。言われた通りにやるという子どもに近かったと思う。まあ、最初は先生に見てもいただけないほどの下手さで、隣で娘と息子がすぐにできる姿を見て落ち込みました（笑）。

剣を持つことで両手が塞がれる、そのことで体のしゃくりがなくなる、塾生にはそういう稽古になるのではと思います。統一体になるまではどこを締めてどこに入れてどこを抜いて、そうやって考えながら、辿りながらなので、宇城先生の空手の世界が深く理解できていない当時の私はそこがぶれてしまい、一つになれないところがありました。力の抜き方が分かっていないので、変な柔らかさのために迷子になりました。

女性でもできてしまえば男性と一緒だと分かりますが、そこのプロセスには、大変苦労しました。「腹に力を入れて」と言われても、私にはピンとこなくて困りました。今でも分かりません。学ぶ過程でそこに努力や深い考えが要り、研究的な追求が要ります。

それが剣を持つことによって、剣の稽古が統一体に導いてくれた気がします。今言葉で言えば、そんな感じです。そして木剣で何に気づくかというと、「自分が硬い」それと「正面が分かっていない」ということではないかと思います。力が入っているとか、真っすぐいっていないとか。硬いから逆にもっと固定されてしまい、さらに正面が分かっていないため、棒を振り回す。それが素手でも同じで、基準がないから身体をめちゃくちゃに使っている。それを木剣が教えてくれるわけです。

いずれにせよ、どっちも学びは一緒。木剣はそういう今の自分にとても分かりやすい、向き合える存在で、どう学ぶかだと思います。

師匠としても父としても壁だった

——師匠が父親である、ということも大変だったところがあるかと思いますが。

榎本　先生の場合は、先生の空手の師匠は座波仁吉先生で、居合は川崎武雄先生、お二人とも他人ですが、私の場合は、親子だから。子が親である師に学ぶ時にどういうものが邪魔をするかは先生には分からないと思います。

先生からしたら、師匠は絶対だという存在。塾生にとっても師匠はそういう感じだと思います。でも私の場合は「先生が父親」という壁があった。先生としても父としても、私にとってはいずれにせよ壁だったのですが、そこはやはり遠回りしてしまった部分ではないかと思います。塾生をうらやましく思ったこともあります（笑）。

でもそういう壁があることを塾生に言ってもしょうがないし、解決しなければいけないのは私自身でした。乗り越える壁はみな一緒なんですよ。ただ、親子だからこそ、子どもとして父を見れたことや感じてきたこともありますし、父も子どもに伝えてきたものがあるはずです。父の場合、背中で伝える、が圧倒的ですが。だから師も父もいつも同じ姿勢だなという存在で、だからこそ、それをものにしたいと思うのです。

そういうことは塾生にもオープンにしてきています。それをどう捉えるかは各々の塾生次第だと思います。身内のことを話す時、多少崩して話すこともあります。

そこも含めて、真に学ぶ姿勢の人にはすべてが師を知る大きなチャンスとなります。でも感想文を見ていると、たとえば私の指導の際、話すほうは私一人なのに、受け取る側の塾生が各々違う取り方をしているのが見受けられます。かなり一方的な取り方をしている塾生もいて驚かされますが、それは合宿や通常稽古の感想文、道塾の感想文など、どの感想文に対しても共通に感じることです。

師、指導者は一人なのに、感じ方、それの表わし方が違うということは、受け取る側になんらかのフィルター、色めがねがかかっている。そしてそれが感想文や空手、剣、そのものに出てきていて、それがその人の「癖」であることの証明になっています。そして「一心に稽古する」ができていない。これが子ども稽古と大人稽古に感じる大きな違いです。

先生のあり方にはまさに「その指導じゃないと自分がそこに入っていけない」というのがあるのです。たとえば、何かにつけて先生は冗談のようにして「俺のおかげや」みたいなことを言う。たとえば子育てについてそう言われると、「いやいや、先生は子育てしていませんからね！」と思う自分がいる。でも回りまわって考えると、私の子育ては先生の影響をものすごく受けている。だから「あ、そうやな、確かに先生のおかげやな」というふうに捉えることができる。

以来、「俺やろ？」となった時に「その通りです！」と思えるようになったのです。前とは全然違う捉え方ができるようになった。そしてそのほうがずっと楽しく稽古ができ、力も自然と抜けていました。今では師が父であることでぶれてしまう時は、良いほうにだけに導かれるようにしようと思えます。すると一心、一つになります。つい最近もありました。「これはもう一つ自分が大きくならないと入ってこないな」、今はそう思えるようになっています。

もう一つ大きな変化は、「師が白と言ったら白、黒と言ったら黒」と言われた意味を理解した時で、感動しました。そうやって一つ自分の中心をやめて、師の学びに素直になると、次から次にほどかれていきました。でも考え抜きました。分かったフリではなく、一つひとつ分かるまで先生の言葉についていきました。実技の稽古も話も、分かるまでやるということが宇城空手には必要です。

考えて止まっていた自分に気づく

榎本　稽古でも「まだ考えてる」と言われる。「お前の悪いところは考えるところだ」と何回も言われ、その度に「考えてない！」「考えるわけないやん！」と、反発とは違うのですが、無意識にそう言っていました。そしてなぜかある時「あ、考えてるわ」と思ったのです。頭は何もないのだけど、この動きのなかで、なぜすっといかないのか。「そうか」と。頭がちょっとでも反応したら、身体がストップするということがその時に分かったのです。

そうしたら自分が「考えている」というのが分かった。ああ、考えている時間がある。それを日常で思ったのです。日常で考えるから、身体にもそれが出てきてしまっている。その癖が出る。そこに至って日常も考えるのをやめるようにしたのです。思い当ったら、「あ、今や（今考えている）」というふうにしていったら、空手の時に、「ああ、今考えている、今止まっている」というのが分かるようになった。だから空手でそれを直していきました。

そうしていったら、皆が止まっているのが見えるようになってきたのです。指導していて塾生に「考えてるでしょ」と言うと、皆「考えてない」という顔をするのですが、「あ、これだ、昔の私だ！　なつかしい」（笑）。「分かる、分かる、考えてないよな！」って（笑）。

その気づきは大きかった。日常での一瞬考える時間の癖は武術では致命的な遅さになる。感動的な気づきでした。

自分の中に宇城空手が溶け込んでこそ

榎本　何か大きなことがあった時に、先生の考えが、「そこは（こだわらなくて）いい」という捉え方も勉強でした。それは先生は、「何をその人が捨てるべきか」というのが分かっているから、そこには「守る」が絶対的にある。「守る」があるから、捨てられるものが何かが分かるし、大事にしなければならないものが何であるかも分かる。「守る」があるということは、そういうことなんですね。だから、「守る」＝愛となります。

やはり悲しいところに寄り添いたくなるし、どうにかしたいという思いが湧くわけですが、先生は、自分でしか乗り越えられない域は、自分で乗り越えるところだ、と突き放す。そこがすごい。先生にはそれしか解決法がないということがよく分かっている。いくらなぐさめてもなぐさめにはならないということがよく分かっているんだろうなと。だから本当に嘘がないなって思うのです。それは嘘がない世界を生きている人の証明だなと思うのです。

間違いなく思うのは、先生は本当に24時間修業を実践されているということです。だからそこの目盛りと比べて私の目盛りは粗いと言われても仕方がないかな、と。やはり自分の中に宇城空手が溶け込んでこないと、成長はないかなと思います。

感想文や型によくその人の「今」が現われる。それに自分で気づくのも深い稽古をしたことになると思います。自分のフィルター（考え方）を捨てないと、新しい考え方は入ってきません。

頭ではだいぶ先生によって改革が起きているのだろうけど、身体がやはりピンときていない。それをどうやったら捨てられるか。塾生の多くはそのことを考え抜くという忍耐が足らないし、そもそもそういうことが必要だということを理解するまでにいっていない気がします。一番大切なことは一心に稽古すること。その「学ぶ姿勢」であるということに私は最近気づいていきました。

もう一人の自分との対話に気づかされたこと

――稽古でも日常でも先生としても父としても厳しいなかで、具体的にどのように乗り越えてこられたのでしょうか。

榎本　その時はしんどいですよ。涙が勝手に出てくる。「だってこうやから、ああやから」って自分で言っている。「ふざけないで。親父には分からん！」とか。そうやって全部を出し切っていったら、だんだんもう一人の自分が出てきて、その自分と会話するようになっていったのです。「じゃあ、先生がいなかったら、あなたこれを自分でできるんですか」。「はい、できません！」というように。そういうふうにやっていくと、「ああ、そうか、結局自分か」と気づくことができた。

そうなった時に自分が解放されるんですよ。その解放されるのを知っているから、たぶん何かあった時にそれがいつもできるんです。今思えば、思いっきり山で叫んで跳ね返ってくるこだま状態です（笑）。

ただ、子どもが生まれてからは言葉にしてぶつぶつ言うわけにもいかなくなりました。なぜなら、「じいじ」のことを言っているのが分かってしまうから。だから涙も見せられない。ご飯を作りながらこっそり泣いていたり。それを子どもは見ていて何も言わない。絶対分かるはずなのに、気づいていないフリをしている。そういう姿って、子どもたちが大人になった時に、宇城空手をつなぐ何かになるだろうなと思うのです。

もう一つは自分の性格ですね。嘘がつけない。だから、もんもんとしたものを持っていると態度に出てしまうので、それでは日常ではまずい。それが子どもにも他人にも出たりしてしまう。それは単純に親である前に人として、大人としてかっこ悪いし、嫌だなと思っていました。

だから、思っちゃったことは出さないと、自分に残ってしまう性質《たち》だった。それは持って生まれたものかは分かりませんが。そこが大きいですね。最近はそれもないです。速くなって消えていきました。だから「悩む」はなくて、「考え抜く」は常にあります。なぜなら私がやり遂げたい人生の答えは先生の世界にしかないからです。

乗り切ったら経験は宝になる

榎本　一生懸命やっているのに、きつく言われる時のくやしさ。それ、分かります。ただこの「一生懸命さ」が非常に危険なところでもあるのです。なぜか。あまりにも大事だと思いすぎて、本質を見失うからです。それが本当に大事なのかと問われた時に、その答えをちゃんと言ってくれるのが先生でした。一生懸命はなぐさめの言葉であるという本質。

今の日本は時に、一生懸命やっている人にそれを言うと、「なんてひどいことを言うんだ」と100人いれば100人からそういう返事が返ってくる。にもかかわらず、ぶれずにそれを言える先生はなんて強い人だと思うわけです。そういうことに子育てをしながら気づいていきました。子育てをする母親だから、その姿が入ってきた。我が子に対して真剣（愛）だから。これは自然界と一緒で、命を守る力があるんだな、と。そこに自信を持てたのは先生の教えがあるからなんです。

なんでも起こったことをマイナスに捉えたらいけない。今はマイナスかもしれないけれど、大きなプラスになって返ってくる。経験はどんだけしんどくても、必ず自分の宝物になる。ただし、乗り切ったら、なんですね。

結果が上手くいかなかったとしても、それを自分が乗り越えていたら、次またやろう、次にまた行こうというエネルギーになる。だから次で成功するかもしれない。

ところが乗り越えていなかったらただの苦労です。どっちに行っても自分次第だということも先生が教えてくれたことです。前に進むのか止まるのか下がるのか、それは幸せになるのか、ずっと苦しむのかということにつながります。選択肢は常に自分自身にあるわけです。

自分の殻から脱皮して自由になる

榎本　そのことをずっと指導している先生は強いエネルギーを持った人なのだなと思うのです。だから、しょうもない理由で、なぜやめていくんだろうと思うことがあります。もったいないと思うけれど、すごい人と出会っていることに気づかないのは仕方がない。自分の我を出してしまったら、先生がよく言う、凧揚げで先生が一人ひとりの糸を引っ張って見守ってくれているのに、まさにその糸を自分で切る、ということで、その意味が本当によく分かりました。人には立派な話をして励ますけれど、いざ自分にゆとりがなくなると、その励ましていた姿をなしにする無責任な大人を何度も見てきました。

さらに黙ってパクる人、それも人生のまだ何も分かっていない若い40代以下の人のパクリ。人生の積み重ねなど経験値がまだまだの年代の人が、どの世界の誰にかみついているのか、本人は分かっているのかなと。分不相応とはまさにこのこと。理解も浅く、自分ではできない状態で、実力以上のことをパクる浅はかさ。それは、「自分さえ良ければいい」という自らの質を暴いているようなものです。

さらにある程度の人生経験を積んだ60代以上の人のパクリは、人生の後輩として、ただただガッカリです。そもそもパクっていることすらごまかす人（気づいていないフリ）は日本人としての誇りを失っている状態。それはガッカリを通り越して、同じ国民として情けなく悲しいことです。「なんとしょーもない、おろかなことをしているんだ！」と。早く気づくことを願います。どちらもエネルギーが枯渇していることを表わしています。

先ほど対談で、木は地下の菌糸でつながっているという話がありましたが、プラスチックでははじかれてしまうけど、メッシュで区切られたほうには先生のエネルギーが伝わる。先生につながっていると芽が出る。気づいたら、やってみて、できる。それは地下で菌糸のように下からエネルギーがきているからではないかと思うんです。そういうのが先生には分かるのでしょうね。

大人でも階段を上がっていけるというのはすごい希望です。それは脱皮に近いです。脱皮ってめちゃめちゃ痛いらしい（先日テレビで見た虫の脱皮の研究についての番組で、痛みの数値を計る機械があることを知りました）。だってはがれて出てくるわけだから。でも昆虫は殻をはがして出てこないと死んでしまうというのが分かっていて、出てくる。そこを乗り越えるんですね。だから自分の固い殻がいちばん痛い。そこから脱皮したら、たとえば蝶になって自由に飛んでいけて自分をコントロールできる。まさにそのことを自然が見せてくれている感じがするのです。

どんな世界でも成長には乗り越える痛みの時があり、乗り越えて成長したらまた守るために乗り越えるステージになる。しかし日本は今、自分と同じように逃げている人を見つけて安心する、そして群れる。足を引っ張ることで安心する。その傾向にあると思います。なぜなら子育てをしていて、そういう姿を日常で多く見るからです。安定とは守り続ける自身の進化ということになるのだと思います。

宇城空手の絶対的な守り

榎本　空手の稽古だけではなくて、そういう哲学みたいなものの勉強の仕方、吸収の仕方が宇城空手でできることは大きいと思います。ただそれだけでは精神論になるから、事理一致でやらないと、と思います。最後には「守れる」という実力が要るからです。言葉では守りきれません。

私にとってはそういう学びが自分を引っ張ってくれました。落ち込まずに、「言い訳」をほどいていけたのは、その哲学と実証があったから。だから道塾が存在するのもそこじゃないかと思います。

空手をしない人も学べるし、空手をするといってもその前に考え方が変わらないと、空手を稽古する意味がない。かえって時間がかかる。だから道塾の存在の意味も分かってきたように思います。道塾の人たちのほうが理解がなぜ早いかというと、空手では空手が邪魔をするからです。

道塾では生き様のところで自分と照らし合わせて考える自由さがある。日常と直結しているので、そこで道塾の人は考える。でも空手の人は空手で考えるから、ワンクッションそれが邪魔をする。褒められたいとか、余計なものが邪魔をする。道塾はそれがないので、学びに直結するのだと思います。

ただし、やはり実践という世界において、先生は武術の先生ですから宇城空手を知ってこそ、宇城先生を真に知ると言えます。道塾で真剣に学ぶと必ず先生の武術の世界に魅かれていくことと思います。「百見は一触にしかず」の稽古を体感する、またそこからしか宇城先生の学びを得られないと思います。

なぜなら愛は絶対的な守りだからです。絶対的な守りは実践です。言い訳が全く通用しない現実での絶対的な守りを言います。それはなってからでは遅い。来てからでは遅い。なる前に来る前に守れる早さ、先を取る、の世界です。

無意識の集中

――師範が大勢が囲む円の中に入って全員に掴まれても、その掴んだ全員を動かしてしまうという検証がありました。その時、どのような感じなのでしょうか。

榎本　ただ自分に集中していました。皆に触れてもらってそのまま皆を回す時も、周りが気になったらできない。できる時というのは、周りが全然気にならない時です。真ん中に入った時から、そういう状態になっているのです。

どれだけ触られても、掴まれたという感覚はない。だから自由に動けるのです。それは先生しか気づいていないと思うのですが、今ようやく「だからできるんや」というのが分かるんです。

先生にその検証を「やってみろ」と言われるのも、その時は意外でしたが、本当に単純にやってみると、できる。そこに一番自分がびっくりしているわけです。それくらい意識がない感じがずっと続いているのです。

サンチンの稽古の時も、先生に「もうちょっとこうや」と言われ、それを直すのに意識を使う。そうしている時の途中はかかりにくかったりします。感覚的に直しているところで、まだ辿り着いていないという不安がそのまま出るので、「ああ今日はかかりにくいだろうな」と思うとやっぱりかかりにくい。

意識で自分に集中するのもダメで、無意識のところで自分に集中する。サンチンをやっている時は他のことを考えられないという子どもたちの、まさにあの感じです。考えていないわけではないけど、考えていない。しかし考えないようにすると、また縮こまる。そこに何もないのです。

そうなるために、先生からの指導は身体が分かるまで、身体にその教えが現われるまでやる。身体に現われた時は頭は使いません。身についたということになる。そして、身についたら言葉は捨てて、次の先生の指導を取り入れ身につける、一人稽古をする。捨てる、身につける、捨てるの繰り返し。

ポンと抜けて全体が見えるようになる

――検証前の師範は半信半疑な様子でも、型をしてからやると、先生のおっしゃる通りにできる、というのを何度も見ていました。

榎本　型については、学び方の成長が大きかった。そこが整ったのが一番大きかったと思います。先生の教えに対しての学びの時間が、ものすごく早くなり、理解するスピードが速くなったのです。もう言われたら、すぐ次の段階にいく。

まずクエスチョンなんです。「?・?」と。ちょっとここ（少し先）で教えるというあり方。それは先生がそこで教えたら分かる、というのが分かっているということでしょう。それが、すごいなと思うのです。私が分かっていないのに、なんで先生が分かるの、と思う。

サンチンの腕受けによるゼロ化で、男性４人の列を崩す榎本師範

いつもそうです。クエスチョンというところから始まって、「ああ、全然分からないな」と思うのだけど、先生は今の私の空手を見て、ただ教えを伝えるのみ。その教えをやり切るかどうかは、私自身の問題なんです。

先生は1000人いようが真剣にやっている一人をちゃんと見ていてくれる。1000人いてもその一人の真剣さにマンツーマンの指導をしてくれる。そこに上手い、下手はないのが先生。私が尊敬して好きなところの一つです。

指導されたことをやってみせられなかったら、ほとんど変わっていないなと思うんです。今、ちょっとポンと抜けたというふうに見えるのです。無力化ができるようになって、その証拠によく全体が見えるようになりました。なぜ皆ができないかが分かるんです。ちょっと過去を見ているような感じです。ああ、これは見えているのだなって分かる。だから一つ抜けたんだなと思えるのです。

でもそれはたとえば、先生がビルの屋上、私たちが一階にいたとして、私が一つ抜けた状態というのは、一階の階段を一段上がったぐらいの差です。一階から見ると二階に上がったように見えると思いますが、師という高さから見れば一段上がった感じだと思います。

だから、同じ指導を受けて変わらないということは、先生からしたらほとんど変わらないということ。対談でも言いましたが、先日4人で先生の個人指導を受けて、その後数時間、一人稽古する時間が3時間くらいあって、4人がばらばらに復習していた時間があったのですが、最後で気づいたことを、ぱっとやったらできた。

先生が、同じ指導をしていても目盛りが違う、という話をしたのですが、「ああ、このことか」と思った。同じ指導でも粗い捉え方をする人もいるし、その反対に詳細な捉え方をする人もいる。そこに目盛りの意味があるということなのだと。

前を歩く自分が見本となって守る

榎本　それとたとえば、先生がばーん！と強く何かを言う時は、危険な時です。爆発するような時は何かがかなり危険な時。それは先生の目盛りが細かいからだと思うんです。肌で感じるとはこの姿だと思います。

一方、「そのままいったらこけるから気をつけろよ」ぐらいの状況の時、こけてみたら分かるからあえてほっておく。先生の中で、感情でものを言うというのがないのがすごいです。それってすごい自信（もちろん無意識の自信、身についているセンサーのごとく）だと思います。それはぶれない人生を生きているからなんですね。

そういう、投げやりにならないところがずっと昔からすごいなと思うところです。当然父親だから反抗みたいな気持ちはゼロではないし、いやそれは確かにあるのですが、根底に誰も真似できないすごさを見ているので、そこが大きいかなと思います。

小さい頃からやっているから、というよりも、そういう姿（生き様）をずっと見てきたことが大きいのではないかと思います。

自分もそういう人間にならないと子どもたちの未来がないという思いがあります。母親になって母になる感動から母たちのコミュニティって素晴らしいつながりになると思っていましたが、理想と現実の違いだとは思いますが、子どもたちあってのコミュニティなので、子どもたちのために合わせる場面も少なくなく、しんどくなっていて、ある時その限界がきたのです。「ちょっと待てよ」と。結局子どものために頑張っていることが、自分がぶれることになっていたらどうなのかなと。子どもたちが大きくなった時に母親が子どもたちにとって答えのない姿だったら、救えない。だから、「ああ、やっぱり我が道を行こう」と思ったのです。すべては自分。その時から、より深く先生の生き様が根源になりました。実際そこから楽になりました。

子どもたちが一番困るのはどんな時か、そういうところから子育てをするようになって、ぶれなくなったのです。

私にとって「よし、よし」と甘えさせて守ることは守ることではない。どんな時代になっても生き抜いていけるように育てることが唯一持たせてあげられるお守りだから、だからこそ前を歩いている自分がそういう見本になることが一番守るということなのかなと思ったんです。そういうことに気づかせてもらえたのが宇城空手でした。そこから本当に子育てにぶれなくなりました。子育て本とかも全くいらなかったですし、実際一冊も買っていません。

身体からの教えで「できる」がくる

――師範ができる時は、何か先に「できる気がする」とおっしゃっていましたが、どのような感じなのでしょうか。

榎本　稽古で鉄のメリケンサックに対して突きができるという検証をやっていますが、それについて、肩をしぼるとか、型を中心に指導があって、指導中はついていけなかったのですが、結局気づきはそこにあった。「あ、これかも」と。そう思ったら、柱を突くのができる、と思った。そして実際やってみたら、全然痛くなかった。

続いてセイサンの型による崩しも、それまではできなかったけど、これかも、と思って、ひゅっとやったら相手ががくんとなった。全く力を入れていない。押そうともしていない。

できない間は押すイメージですが、できる時は型という実地からきている。「思い」からではなくて、「考えて」からでもなく、型に対して身体からきている。身体からの教えです。できる時は、できる「気」がする。それしか出てこない。頭のごちゃごちゃはないのです。すべてに言えるのですが、一ミリも頭を使ったらダメなんです。思いとか頭とか、そんなものがない時にこの力が出てくる。まさに自然界です。自然です。ちょっとでも考えたらできない。これは間違いなく完全に理解してやっている人でないと、引き出したりするのは無理だと思います。

全体と部分もそうです。頭か身体かという話。頭で考えるのはすべて部分です。先生に「お前はもうできているんだから、自信を持ってやれ」と言われた時に、部分だと「どういうことだろ?」となる。それを全体だと「あ、ほんまや」と。ただいつも通りサンチンをやっているだけで。だから「できた」というのはそういうことなんじゃないかなと思います。だから、自分にそういう先生の指導が入ってくる穴をあけることが大事。身体は変化しているのに、その先が変化しないのは、閉じこもっているから、自分が止めてしまっているからだということになります。先生が気の手当てをしているALSのKさんは受け入れるから、どんどん回復していく。植物が復活していく姿に近いと思います。

母として親として大きな視点を持つ

榎本　だから自分の考えを主張して自分がこうだと思う時は、何か不具合が起こる。そういうことが続いたので、先生は冗談で「わしに足向けて寝るなよ」と言うけれど、「あ、ほんとだな」と思います。すべてが信じ切れる世界になっていて、そのことで目盛りが細かくなっていったのかもしれないです。

救ってくれているんですよね。全体は救いだと先生は言う。どんな時代がきても宇城空手は守ってくれると言えるから、子どもたちに自信を持って伝えられるのです。

やはり役割があって、男の人が軟弱になったらダメだと思う。先生は空手と仕事をやってきて、仕事でも国を守っていた。当時エンジニアの世界では日本はすごかったんだという話を何度も聞かされたのですが、ある時「なるほどな」と思ったんです。半導体技術があるから台湾が守られているという話、技術力が国を守るという話、それが国の守り方にもなる。その目線で見ると今の日本は本当に危ないなと思った。

だから子どもの進路でも、将来についてというのを頭で考えると、子どもをつぶしてしまうと思う。やはり好きなこと、やりたいことをつぶしてはいけない。でも同時に大きな視点で子どもたちを引っ張らないといけないということに気づかされた。母である自分が世の中のことが分からないと子どもをつぶしてしまう。だから親が一番勉強しなければならないという先生の話もすーっと入ってくるのです。

母親は出産、子育ての時期、子どもとじっくり過ごせる時間をもらえます。それは産後の身体を元に戻すためと命を育むための大切な時間になります。私は今その時期を終えて、あらためて思うのですが、母親としてしっかり学ぶ時期だったのだなと。今後ますます働く母親が増えて共働きも当たり前になることと思います。だからなおさらこの出産・子育てに集中できる時期は必要だと思いました。なぜなら母親という業は失敗したら赤ちゃんの命にかかわるからです。母親になるための学びはありません。どんなお母さんも初めての経験を命を前にしてするのです。愛しい命を前に身体で心で赤ちゃんを育てながら母親が育つのです。そこに教えはないです。

子どもの命と向き合う時というのはよく考えると出産・子育ての時のみです。学校の道徳(頭)では育てられません。日々赤ちゃんを抱き、一人では何もできないところから育てるには、赤ちゃんを感じ、子どもを感じ、命に導かれながら過ごす時間、まさに自然界と同じ時間が必要です。

赤ちゃんを守る母親の鋭さ、温かさは、この時に肌や空気(間)の中で赤ちゃんに受け継がれ、宿るのだと私は思います。今、不安な母親が増えているということは、社会が頭重視の危うい世の中になっているということでもあると思います。

日常で変化しないと宇城空手の時間に入れない

――師範が宇城空手で一番学んだこととは。

榎本　自分に集中すること、守るとはどういうことかを空手を通して私は学びました。それは誰かのために、社会のために動くことではなく、自分が自由に動けることが大事なのです。それがすべてを動かすことになる、個が全体を動かすことになると。それは全体が見えていないと自分が自由に動けないからです。全体が見えたら個で自由に動くための行動ができます。

だから何十人に押さえられても先生は個で自由に動き全体を動かせるのです。世の中で言えば、自分が動くために誰を押さえて、誰を動かしてというのが見えてこないと、組織の中では自由に動くなど不可能です。

言葉で言えばそういうことです。私はその事に気づいてから、先生の世界だけが今の時代を確実に変えていく希望となると確信しました。確信してからの子育ては本当に迷いがなく、自分の学び不足は感じますが、あきらめずにやろうという気持ちしか湧きません。

それでもまだ自分の頭や今までの考えが邪魔して入ってくる、それが1秒だったとしても、身体の動きには何倍も遅くなって出てきます。「考えるな」と先生に稽古でよく言われてきましたが、その時は考えてない！しかなかったので、なぜ考えるなと言われるのか理解できず、受け止めきれずに時間が止まっていたと今ははっきり分かります。

先ほども言いましたが、もう身体に沁みついているものが空手の時間に現われる。それが止まって見えるぐらいの遅さで現われることが分かるのです。だから日常レベルで変化しないと、宇城空手の時間の中には入れない。理解は到底無理であることが分かるのです。

私は先生の無から有を生み出す体験をずっと自分自身で経験してきました。先日の稽古では、障がい者のK君がきて、先生の気の指導を体験しましたが、K君は私たちより何倍も素直で早いので、あの時に「無から有」がポンとK君にできたと思います。そのことできっとK君は何か知らないけど困難なことを無意識に避けられる状態になっていると思います。

彼が塾生になって定期的に先生から学んだら、跳ね返す身体で生きられると私は確信しています。

なぜなら自分が経験しているからです。今までにない考えや、深い思考力、自分を信じられた時から、確実に日常レベルで違いを感じます。その自分を信じられるという現実的な実感がとても大切になります。そしてそれはすべて実践でやってきた宇城先生しかできない指導です。
よくこの時代にいてくれたなと本当に奇跡だといつも思います。あきらめずに動けるのは、自分に集中できるからです。その世界を教えてくれたのが先生です。まさに先生という御守りを身につけています。

「すべては自分」への気づき

――師弟関係とはどうあるべきでしょうか。

榎本　師弟関係とはこういうことかなと。先生の教えに一直線な自分がいれば、必ず今の自分で気づくことができます。背伸びする必要はない。今の自分は否定できません、事実です。だからこそ先生は次のステップとして示してくれる。先生の教えに気づくことができれば、ステップを踏むことになります。そういう導きしかしないからです。
たくさん「個を大切にする」という言葉はあるけれども、その本質が今の教育で消されているため、戦後から今まで、それを育てる方法はなかった。その不可能な「個を大切に育む」

教えを先生は実践しています。

その教えで育った子どもはパラダイムシフトの塊です。先生こそパラダイムシフトの意味をしっかりと理解し実践しています。劇的に時代を変えるエネルギーがある。でもそもそもその実践にはかなりの理解が要ります。「きっとこうであろう」ではできません。

まさに一人革命です。その先生を塾生がちゃんと捉えて動き出すと、間違いなく未来ある国が実現できると思います。

宇城先生を師として持ち、その教えの中で、まず自分のパラダイムシフトが必要です。先生は癌の治療をあきらめずに皆の細胞に浴びせ続け、その〝癌細胞〟の変化を研究しているようなものです。

ただしこの場合、浴びせる薬をいろいろ変えるのではなく、どれだけ気という薬を浴びると変化していくか、その細胞が頭に支配されていたら、角度を変えて浴びせるなど、いろいろ工夫している感じです。

副作用なしの薬の開発をしているようなものです。しかも一度変わると元に戻らない、二度とかかることがないようにする薬＝宇城先生の教えがそこにあります。

そのために先生の指導を受け止める素直さがまず絶対不可欠です。感想文を見ていつも違和感を感じることとは、たとえば「パラダイムシフト」という話、その話をなぜ先生はするのかを自分で考え抜くことが学びですが、今までそんな分野を知りもしなかった人までがあたかも知っていたかのように安易に「パラダイムシフト」という言葉を使っていることです。

知らなかった世界を知るというのはそういうことではありません。そこが、受験戦争、スポ根、いわゆる競争の副作用が今の大人に沁みついていて、一度身についた考え方の癖は本当に抜けないところだと思っています。そういうことから私は受験戦争が国をあげての洗脳だったことが理解できたのです。

今の言葉でマウンティングというのがありますが、そのチップがシステムによって埋められた証し。するほうも、されるほうも一緒。競争、パワーの思考なのです。どれだけ平穏を装っても、マウンティングを感じること事体、その思考です。

問題は一人ひとりが、「自分は違う」と自分を省いてしまうことです。今読んでいるこの瞬間も省いている自分がいることと思います。先生は「すべては自分」と教えているのに、まず「自分」を省く。「自分は違う」という根拠は？　身体での教えを学んでいるのに、その学びを身体で表わせなければすべて嘘。思い込みの自分で生きている自分に気づくことです。

それが最初の小さな一人革命になります。

なぜ自分はその時代を生きてきたのに、自分だけが違うと思うのか。すべて受験戦争に汚染されています。プライド、自分だけ、その閉じた扉が、現状の自分を把握する邪魔をする。それでは新しい風は自分の中に吹きません。どれだけ素晴らしい師に出会っても変化しません。自分と向き合う宇城空手は、自分に気づくこと、そのことを教えてくれています。だからプライドが高い人ほど苦しいと思います。

私の知らない父の姿

――最後に塾生へのメッセージをお願いします。

榎本　私はこれまで父の知らない姿を見て2回、雷に打たれたような大きな衝撃と感動を経験しました。

1度目はラスベガスでの合気エキスポの時です。当時、24歳の私は、身の回りの小さな世界しか知らず、飛び込んできた父の姿は言葉にならない圧巻の世界でした。このラスベガスでの合気エキスポの3日間、父の姿をひたすら追い続けました。それはまさに「水を得た魚」という慣用句の世界で、まるでそんな父の姿を見せるために用意されたかのようなラスベガスという舞台であったと今は思います。DVDを何度も見ています。圧巻の姿です。あの時に参加した人にしか分からない。合気エキスポのすべてが宝物です。

そしてまた、合気エキスポというイベントがいかに素晴らしいイベントだったかを今頃実感しています。主催者のスタンレー・プラニンさんには若い時に4度ほどしかお会いしていませんが、父と共に合気エキスポに招待していただいたおかげで今があります。あらためて感謝を込めて、ありがとうございます。

2度目はコロナ禍が始まり、海外とのZoomでの指導で先生が見せた、大切なことを伝える一貫した姿勢でした。それは、相手の力量に合わすのではなく大切なことを貫く強さでした。これは絶対的な実力がないとできません。絶対的な実力とは事理一致の世界です。

先生の世界は言葉にしたことはすべて身体で具体的にやって見せられる世界です。逆も言えます。やって見せる、やって見せたら本来は言葉は要りませんが、学ぶほうの補足として要るので、言葉で伝えることもできます。それはなんとなくできるものではないことを表わしています。それと、見えない世界を見える化できること。

これが宇城先生のすごさです。季刊『道』の対談で宮大工棟梁の小川三夫さんが言っておられた、「知恵は身体から生まれてくる。知識は頭から生まれてくる」まさにこれです。

先生の武術空手に似たものはあっても、同じものは一つもありません。なぜならそれらは身体から生まれてくるものだから、真似ができない。宇城憲治からしか生まれない技があることを私は知っています。愛からしか辿り着かない世界です。

愛とは守るであり、それが中心です。絶対的な守りが先にあって出る言葉、行動です。優しくするのは簡単です。しかし守りのない優しさはすべて嘘の世界であり、愛とは真逆の世界です。安心感を与える、守るエネルギーが中心であり、その行動が愛です。私は、「愛とは」を宇城空手から心身で学びました。

先生の圧巻のZｏｏm指導と海外塾生の変化

榎本　初めてのZｏｏｍで得た衝撃は忘れられません。回数を経る度に、今まで一緒にいたにもかかわらず、初めて父であり先生を見るような圧巻の姿にワクワクしたのを覚えています。海外も含めて塾生が先生に出会った衝撃とはこういうことなのかなと感じました。

空手で実践している先生が、Ｚｏｏｍでの指導をどういう時間にするのかとても感心があり、私の学ぶ姿勢や期待も大きかったと思います。当初私は、実技がない話の講義になる分、言葉などを気遣いながら指導されるのだろうと想像していたのですが、それは逆でした。

先生はむしろ直接会って話したり指導する時のほうが気を遣われていて、Ｚｏｏｍでは全くオブラートをかけずに１２０％そのままの自分で進めていかれていました。その姿に驚くと同時に引き込まれ、感銘を受けました。まるで知らない人を見ているようでした。

最初はアメリカへのＺｏｏｍ指導だけでしたが、その後、ドイツ、ハンガリー、ポーランド、イタリアのヨーロッパへの指導も始まり、さらに先生の新鮮な姿が増しました。とくにヨーロッパのＭさんの決意する瞬間の眼を見れたことが大きかったです。私はこの時初めてヨーロッパの皆さんと出会ったのですが、人が覚悟を決める瞬間の眼に初めて遭遇したのです。だから私は、このＭさんの眼に約束したいと思いました。もし彼が日本に来た時、「なんだ、すごいのは先生だけなのか」とガッカリさせたくないと。

なぜＭさんが覚悟したと分かったかというと、Ｍさんは、大きなため息と共に、先生が「こ

コロナ禍を機に月２回の海外 Zoom 指導を行なう

れまで出会ってきた人たちとは違う」ことを理解した表情をしました。それは、本当に宇城空手をするなら、今までのすべてを捨てなければならない覚悟だったはずです。いつかMさんとはその話をしたいというのもあり、必ず実力をつけて彼に会いたいと思いました。

なぜ彼がそう思ったか。先生の圧巻のＺｏｏｍ講義がそうさせたのです。見事です。すべての質問にこれだけの深さで答えられる先生は世界どこにもいないと確信できます。そして感情は一切なく真っすぐに皆さんへと入っていく先生の姿、それは宇城先生の姿からしか学べないことです。その瞬間に自分がいられることに本当に感動し感謝しています。

オブラートがないＺｏｏｍでのとても厳しい言葉も、愛として受け止めて頭を抱えながらも学ぼうとするアメリカ、ヨーロッパの皆さんの姿勢に感動とやる気をいただいています。このＺｏｏｍで今までとは異質のスイッチが入った感覚が間違いなくあります。

もちろん、コロナの影響、ロシアのウクライナへの攻撃、こうしたまさかの時代のスタートに、真剣なスイッチが入ったということもありますが、人の姿を見てスイッチが入ったのが、一番大きく嬉しかったことです。

人間として生まれて、人間の価値、人間の良さみたいなものを初めて感じたような気がします。そして信じたい。信じるという言葉、初めてその大切さを感じました。それは、私も含めて各々の早さで、自分に電流が走るか走らないかなのです。成長がそれを証明しています。

変化が全くないということは、先生の話や教えを、いつもの話としてや、当たり前の話として聞いているからです。身内の私が違う人を見ているかのような衝撃を受けているのに、です。だからそれぐらい人の学ぶレベルに差があることを理解しました。同じ師に同じ教えを受けているのに、全員の受け止め方が違うということは、それが個々の癖であり、フィルターであり、自分の傲慢であり、本来の学ぶ姿勢ではないこと、閉じていることだと。だから先生の教えが入ってこないのだと思います。

先ほど合気エキスポのことを書きましたが、この眼で見、この身体、肌で感じた人にしか経験できないことというのがあります。宇城先生の教えは一回一回が、まさに二度と戻ってこない日々です。当たり前はないです。

変化の一歩が空手に現われてこそ初めて入門

榎本　20代で師範代になった時から、実力もないのに師範代の名前にプレッシャーを感じてきましたが、逃げたくないから、とにかくその名前にふさわしい実力をつけなければと必死でした。

空手が伸びないと結局、宇城空手を、まして師である先生をなめていることになります。

でもそれは考えることではありません。感じることです。違いなんてどうでもいい。できる、できないは問題ではないのと同じ、素直になって受け入れることがまず大切であること。それができなければ宇城先生から何も学ぶことはできません。当然、宇城空手はできません。

宇城空手は年数ではなく、気づいた時から動き出します。

私がいつも指導する時に思っていることは、自分にも相手にも「大切なことに気づく稽古であるように」ということです。

この大きなメッセージを胸に指導しています。

最近は言葉は意味がないと根拠をもって理解したので、以前とは明らかに指導が変化しています、言葉で指導するのはやめました。

やって見せるです。

それが皆さんの感想文にも出てきているので、自分の成長は合っていると確信しています。またより確信したのは、私の空手や懇親会での話に電流が走り、気づいた人、学んだ人だけが、こちらと一致の理解で、感想文に何を学んだかを刻んでいることが現われています。それは私の励みとなり期待になっています。

以上から、自分のエネルギーがどれぐらいかを把握しつつ、私の指導者としての学びを得ています。すべてが自分が今どれぐらいのところにあるかを見れるチャンスを逃さないといいう、いつでも何でも学びになるという意味です。

　先生の完璧な指導を受けた後に自分の思いを書き起こす、アウトプットするまでが稽古だと思います。それが正しくインプットされているかどうか、書き出しておくと何度も自分を見つめ直せます。すると稽古の時も先生の教えが出てくるし、質問の質にも変化が起きます。ヨーロッパの質問は明らかに稽古しているから出てくる質問です。その違いは、稽古の質が浅いか深いかによって変わります。浅いか深いかの違いが生まれるのはなぜか。

　それは、先生の教えを素直に身体で吸収し稽古しているか、それが稽古に反映しているかどうかです。それは思考力の浅さ深さとも関係します。

　思考の浅い人はプライドがある、もしくは怯えているので何も気づくことができません。大切なことに気づき始めた人はすぐ分かります。それが変化の大きな一歩だと思います。それが空手にもちゃんと現われてこそ、初めて宇城空手への入門なのです。

三世代がつながった宇城空手

榎本　この本を書いている絶妙のタイミングに記録したい出来事があります。私事ですが、今娘がカナダへ一年留学しています。３ヵ月が経ち、様子を聞くと最高のホストファミリーに巡り合い、学校もホストシスターのおかげで順調で、そのなかでも当然異国で初めて暮らす、ましてや家族からこれだけ長く離れるのも初めてなので、経験者にしか分からないしんどさもあるようです。

娘がそうした大きな、そして様々な経験をしていると感じているなか、娘から「いつも母ちゃんが、宇城先生が守ってくれる、宇城空手は御守りやと言う、今その意味がよく分かる」「先生の『一人革命』を今やからこそ一気に読んだ」「型と基本の稽古をしている」と話してくれたことは、驚きと同時に感動でした。

さらにその数日後、テレビ電話でのこと。サンチンを見せてもらいました。すると、ゼロ化ができていました。すぐにこちら側で2人組んで片方にもう片方の人の手を掴ませ、同時に娘がサンチンをすると、ゼロ化になるのを電波を通じて感じ、投げがかかるのです。まさに時空を超える宇城空手が証明された瞬間でした。

深さへといったのです。若干16歳で宇城空手への理解がその深さになったのは、本当にすごいことです。三世代つながった瞬間でした。自分の生き様が娘の歩みを止めてしまわないようにと思っていたので、本当に嬉しく、すごいなあと感無量でした。

自分を信じ、共に希望ある未来へ

文・榎本麻子

今50歳を前に思うことは、今から人生の学びができる時が来たということです。ようやくその世界が心地よく学べています。

昨今は40代で指導する側となる人が増えていますが、どれだけ苦労していても、50代までに分かりきったということは絶対にあり得ません。もし自信を持っている人がいたら、今自分がいる世界が小さいということです。地球上で言えば押しピンの先ぐらい、歴史的な時間で言ったら、ほぼ存在なしの小さな世界で威張っているということになります。

謙虚になり素直になると、もっと深さのある大きな世界へと導かれます。その輝きを知ろうとしないのは、自らを閉じている証拠です。それは、今は順調でも、この先に枯渇することを意味します。植物ならすでに根っこは病んでいるということです。

そして病んでいる人は不安で、慰めを欲しがります。優しさ、もしくは優しい人に癒しを求め、慰め合える群れに導かれ、そこでの満足を希望とはき違えます。一方本気で困っている人は、解決を求める。解決するために、乗り越える世界へと、実践ある真剣な師へと導かれ、真実の人生に希望を見出します。

癒しと希望は真逆です。希望の世界へ導けるのは、あらゆる世界で真の厳しさを逃げずに生き抜いてきた師だけ。言葉で言えば気の世界です。エネルギーで言えば重力、その人の重みです。それは言葉では語れません。その人から発せられるものです。

言葉では誰でもすごさを語れます。しかしやってみせることが真実です。

だから「病は気から」、常に自分の弱さから逃げている人は希望ある道へ導かれません。

宇城先生を師として、自ら出会う人生を歩んでいる塾生は、少なくとも先生と同じ感性を持ち導かれたと思っています。その自分を信じて共に稽古に励み続けて欲しいと願います。

ただし、いくらすごい先生に出会っていても、自分の我や癖を捨てないと変化はしません。

プライドが高く、利用欲のある人は変化どころか逆回転が起こり、希望も見出せなくなります。せっかく自分で辿り着いた師と出会っていても台無しになります。自分次第です。

「進歩成長とは、変化することである。
変化するとは、深さを知ることである。
深さを知るとは、謙虚になることである」

宇城憲治師　私の芯となる師の言葉です。

第三章

異次元時空の術を今に活かす
宇城空手の実践

創心館館長　宇城憲治　会見

（聞き手）
創心館塾生　下澤京太

全体と部分

宇城　人間のエネルギー、パワーはどこから出てくるか。太陽は地球をあまねく照らして植物に光合成を促し、その植物は二酸化炭素を酸素に変え、かつそれをエネルギーにしている。そして我々はそうして育った野菜などの植物そのものを食べている。まさに我々人間も太陽から直接、間接に生きる環境をもらっている。それは森羅万象すべてが調和し、共生していることの証しですが、しかし今の人間社会の環境は、競争、あるいは「自分さえ」という我欲の対立構図になっていますね。競争や争いが主体になっている。大自然界からすると本来はその真逆なはずです。

下澤　先日『ユング心理学の世界』（樋口和彦著）という書籍を読んだのですが、「全体との関係が切れて部分化することを『病い』という、その反対に『全体化すること』『全体になること』は反対概念の『健康』ということになる。〈中略〉古代では『病い』の反対概念はむしろ『救い』であって完全性を意味していた」と述べられていました。

また、ユングは心理療法の目標は単に「病状の除去や解消」ではなくて「人間の変容である」と述べています。

この文章を読んだ時、自分たちが全体との関係が切れた状態、つまり部分化という病いに侵された状態であることに気づかされました。

これも普段の稽古で先生や師範の技を体感し、さらに気のご指導を通し自分の身体で「全体である状態」を体感しているからこそ、通常の自分が「部分化という病い」に侵されていることに気づけたのだと思います。それが無ければこの言葉に出合っても何のことだか分からなかったと思います。

宇城　ユングは心理学者なのに「全体と部分」を「健康と病気」として非常に分かりやすく、しかも的をえた表現をしていますが、現実の事象から帰納法的にそういう概念を見出したのでしょうか。私も以前から「全体と部分」そして「調和と対立」ということを空手の本質とし、具体的に指導の中に取り入れていますが、そういうことを実践を通して感じ取っていたので、ユングの内容には感動しました。
この部分から全体への目覚め、すなわち病気から健康へ、その変容こそが「救い」になるということです。
　持論ですが、

「進歩成長とは、変化することである。
変化するとは、深さを知ることである。
深さを知るとは、謙虚になることである」

　まさに、この「変化→深さ→謙虚」へと移行していくステップアップが「変容」ということになるのですが、現代社会では謙虚さがなく横着になってしまっているので、そもそもこの「変容」へのステップアップが踏めないでいます。それは未来に向かう進歩・成長の時間がストップしているということです。

術の究極「ゼロ化」と「先を取る」

宇城　空手で言えば、まず意識して学ぶ「技」があって、次に無意識領域でのとっさに出る技がある、それが「術」です。石が目に飛んで来たら目をつぶるでしょう。人間はそういう条件反射の防御機能を元々持っていますが、武術の術はさらにそれを進化させ知識や意識の前段階を司る深層意識、すなわち宇宙や自然と一体となる無意識領域の働きによって、武術だけでなく今の時代に活かすことを目指します。

それは江戸時代、帯刀した剣聖によって生と死の中から生み出された術、すなわち負けは死を意味するところから勝つこと以上に、身を守る術として生まれた、「勝つ」が内包された術のことです。そこに至って「とっさに出る」より、さらに早い「術」があることに気づきます。それが「気」の存在です。

「身体は気に応じて動き、気は心の向かうところに応ずる」

という、まさに江戸時代の剣聖の言葉通りで、身体の動き、生き方は気に応じ心の向かうところに応ずる。まさに人間の生き方にも及んでいます。そういう意味で空手の術技のあり方を「狭義の術」とするなら、「広義の術」とは、人間の生き方としてすべてと調和し、人と人とが多様性をもってコミュニケーションすることです。武術の術を修業する意味もここにあります。

どういうコミュニケーションかと言うと、人と人の間には、「間《ま》」というのがあって、その間を通して相手と調和することができたら、相手と自分が一体になる。すなわち「寄り添う」という共生です。術で言えばゼロ化ができる、すなわち相手を無力化できる。自分の無力化は自由自在になるということです。

下澤　先生の気の指導を受けている時は人と人の間の空間が変わり、その人との境目がなくなったようになります。今までその存在を感じることができなかった「間《ま》」が変わると、今まで全く気がつかなかった次元があることが感じられます。

宇城　その次元があることに気づくことが大事ですね。それを実際、空手の型で身につける。型だけだったら実践に使えるかが分からないので、型の分解組手や自由組手でそれを試してみる。この「ゼロ化」というのは武術の術としては究極のレベルですが、ここに至るまでに「中心」とか「虚と実」など、あらゆるものを身につけていくわけです。

「中心」というのは、コマは軸が真ん中になければ、いくら回しても回らない。まずそのことに気づく。中心ができたら回る。回ったら、その勢いが増すほど、静止しているように見えながら、なおかつエネルギーが出てくるのが分かる。さらにそれ以上エネルギーが出ると、存在が消えるようになる。それが「ゼロ化」ということ。

また「ゼロ化」以上に重要なのが「先を取る」ことです。「先を取る」と言っても外面の働きが先にあるということではなく、真の「先を取る」には内面の働きがやはり重要です。「ゼロ化」の内面を身体の外に発すると先を取れます。とくに攻防の間を制するには「先を取る」ことで非常に有利になります。

ストップモーション

宇城　高速度撮影した動画は再生時はスローモーションになりますが、私の場合、相手の動きがストップモーションに見えるんですね。だから相手の攻撃においても的確に入ることができる。脳での判断はスローモーションの段階までだと思いますが、身体すなわち細胞でキャッチすることができるとストップモーションになるんです。

それは身体の細胞のスピードが百万分の一秒という超高速度だからです。普段私がよくやっている相手の細胞をコントロールすることからしても、このストップモーションはあり得ることなんですね。分かりやすく言うと相手と同じ動きを時間差なくやればストップモーションになるということです。すなわち、無意識領域の時間帯の動きをするということです。

下澤　先生に稽古をつけていただく時、自分がまさにストップモーションになっているのを感じます。自分が感じ取れる時間よりはるかに早い時間、それは先生がいつもおっしゃっている細胞時間、すなわち百万分の一秒という時間。先生はその時間の目盛りで動けるけれど、私たちは動けなくなってしまう。時間を超える動きというか。ただそれは先生との時間の関係性の中で動けないだけで、たとえば先生と組手をやったあとは、先生の時間目盛りを身体で感じているので、しばらくの間は周囲の人間よりは自分の時間目盛りがものすごく細かくなっていて、結果身体がものすごく速く、また重くなっています。自分の中に未知のエネルギーが生まれていることを感じるのです。

　こういった稽古や気の指導、宇城空手の型や分解組手を通じてそのエネルギーを創り出すプロセスを学び、最終的に「気」という段階につながるということでしょうか。

宇城　「気」というのは日本では元気、天気、病気、気が利く……など、当たり前のように見聞きする言葉ですが、このように数多く「気」のつく言葉があるということは、その実態も存在しているはずです。宇城空手は武術空手の最大の特徴として、今の常識ではあり得ないことを実証していますが、それがまさに「気」の存在と効用をより分かりやすく証明しているということです。それは同時に、そこに向かう稽古体系も確立しているということです。

実践に使えてこそ術

下澤　確かに先生の気の指導によって多人数ががっちりと組んだスクラムを、女性・子どもが瞬時に崩すのを目の当たりにしています。
　その逆に我々のような大人、とくに武術経験がある人間ほど、自分たちでは全くそれができない。むしろ相手を強くしてしまっているように感じます。これはなぜなのでしょうか。

宇城　本来、人間一人ひとりはすごいエネルギーを持っているにもかかわらず、なぜできなくなってしまったのか。それはエネルギーが閉じ込められた状態になっているということです。それは育っていく環境の中で、自らエネルギーを閉じ込めてできなくなる要素を後天的に身につけてしまっているからです。一言で言えば、競争・対立が生み出す環境の影響です。
　今の学校教育の勉強やスポーツのあり方が競争を主体としていて、それが100％当たり前になっていますが、まさしくそれがエネルギーを閉じ込める要因になっているわけです。そういうなかで「気」の世界の話をしても、理解が得られるとは思いません。だから気の実証によって、その存在と効用を示しているのですが、それは未来の子どもたちのために、未知の世界を見せるということです。

下澤　我々のような今の大人は受験、スポーツ、そして武術稽古さえも、相手に勝った、負けたという近視眼的な競争に明け暮れています。

宇城　そういう競争や対立の究極は、今のロシアとウクライナの戦争に見るように、将来の極東の戦争の危機にもつながりかねないと思っています。

　戦争を起こすのはトップにいる人間なわけで、犠牲になるのは常に庶民です。トップがしっかりしていれば、戦争など起きるはずがないのです。戦争は人や物などすべてを失わせていく。今でも世の中には、生きることにさえ困っている人がいるというのに、なぜそれ以下の戦争をさらに起こすのか。そうさせるのは人間の最も醜い欲としか思えません。「欲」というのは、「支配欲」であったり「独裁欲」であったり、「金銭欲」です。つまり我《が》です。

　江戸時代の無刀流の勝ちのあり方に、

「打って勝つは　下の勝ちなり。

勝って打つは　中の勝ちなり。
打たずして勝つは　上の勝ちなり」

この打たずして勝つ、すなわち「戦わずして勝つ」は、相手を傷つけずに勝ちをおさめるという究極のあり方です。実際この究極の勝ちを実践するには「気」の存在は絶対だと思います。まさに日本が「気」という文化を持つ気の国だからこそ可能な世界です。その「気」を具体的な術として現在に活かしていくということが未来の希望であり、まさに今こそ武術の「術」の実践性にその価値を見出し、発揮する時だと思いますね。

下澤　ペリー来航時に流入した様々な科学技術を、江戸時代の職人は一瞬で見抜き、わずか数年で原理模型を複製しましたが、それも日本に目に見えない「気の文化」があったからこそ、初めて触れた「蒸〝気〟」や「電〝気〟」もすぐに技術として活かせたのではないかと思います。先生の場合は、その根源である「気」そのものもやはり技術として活かすことが可能だと。

宇城　技術というのは、それが「使える、役立つ」ということです。たとえば胃が痛いという患者がいたとします。医者は、それまでの経験でいろいろ痛みの原因を推測するけれども、胃カメラという技術があれば、容易にその原因が分かります。脳の仕組みもしかりで、MRI（磁気共鳴画像）があれば、もっと詳細に分かる。医者の経験だけでは決して分からないことが、MRIという検査機を使うことでより鮮明に分かる。

そこで脳に異常があれば手術ということになります。今度は医者による手術、すなわち、その技術が大事になってきます。したがって医者と医学と医術が必然的に一体となって、より有効になるということですね。

「気」も同じで、目に見えないエネルギーを取り込み、それを発信し、かつ伝播を可能にする「術」は今に活かすことができるのです。

人から人間へ　「寄り添う」が強くする

下澤　先生の教えを受けてきて感じることは、今私たちは技術の中でも科学と組み合わさった科学技術、その中でもとくに産業化という競争色が強い部分だけが真実でありすべてであると思い込み、もっとも重要な人間らしさが劣化してしまっているということです。

宇城　人間というのは人と間と書きますが、「人は人、自分は自分」とか「人の言う事を聞くな」

というような時の「人」は他人のことを指しますね。今、その「人」が増えて「人間」が少なくなってきたように思います。

今やおれおれ詐欺や殺人、不正などに見るように、「人」であって人間ではない。人間というのは、人と人の営みがあって成り立つ、社会性を持つ存在です。それはまさに人と人との「間」がつながるということです。

「間」すなわち人と人はどのようにしてつながるかというと、困った人、具合が悪い人に「大丈夫ですか」と声をかける。つまり寄り添うということ。この寄り添った時に、人間というのは自分にも相手にもエネルギーが出るんですね。そのことを稽古の時にも実証していますよね。

下澤　はい。先生が見せてくださる検証で、「大丈夫ですか」と寄り添ったあとに8人ががっちり組んだスクラムを押すと、先ほどはできなかったのに、寄り添ったあとは簡単に押すことができています。また寄り添ったほうだけでなく、寄り添われたほうも同じで、スクラムを倒すことができていました。

まさに先生がお話をされた自然界の助け合うネットワークと同じことが、人間界にも存在していること、「寄り添う、寄り添われる」という、人と人との関係性が変わることで、今までそこになかった目に見えないエネルギーが生まれることを自らの身体を通じて感じています。

逆に科学はそれを弱肉強食だと示してきました。

宇城　その通りです。ただ、人間界は自然界と異なり、うわべの、口だけで「大丈夫ですか」と声をかけることができます。しかしそれは寄り添うフリをしているだけで、その時は実際力が出ないことも同時に示していますね。

下澤　それは自然界と同じという見方をすれば、先生のもとで太陽に照らされて光合成ができるのが子どもであって、大人は光合成をする力を失っているということではないかと思います。つまり先生が先ほどおっしゃった、人間が「人」に成り下がってしまっているのではないかと。

宇城　そうですね。だから世の中はぎすぎすしている。いろいろなところで格差が出てきていますが、「人」の世界では当たり前なわけです。少子化問題も同じで、未来・希望がないことからそうなっている。本来の種の保存の逆をいってしまっている。

今の日本という環境は、「産みたくない」という無意識が働いているわけです。そこにいろいろな手を打っても、瞬間はいいかもしれませんが、あとで行き詰まってくるわけです。それはなぜか。競争社会の中で子どもを育てているからです。

人の気持ちが分かるような育て方をしようと思ったら、今の社会の仕組みの矛盾をなくさないといけない。すなわち「人から人間へ」の移行という、仕組みの構築だと思います。

下澤　この寄り添ったら強くなる、という検証で、確かに最初の1～2回はそれで強くなってスクラムを倒せますが、3～4回やっているとそれが続かなくなります。それはなぜでしょうか。

宇城　1回目の寄り添うでは、瞬間に細胞が反応するからです。この動作は無意識領域で行なわれます。しかし2回、3回とやるうちに「できた」が頭の記憶になって、頭でスクラムを押すようになる。一度頭に記憶されると、次にいくら寄り添っても、その寄り添うのも頭の命令になるから、すなわち意識的になるからできなくなるわけです。

意識的な命令は筋肉の部分の動きしかできません。したがって衝突が起きて押せなくなるわけです。細胞の動きは全体で無意識領域にあります。その行為が本当に自分の身についているいる行動であれば、結果としていつも押すことができるのです。

助け合う世界に強い、弱いはない

宇城　榎本師範との対談でも話をしましたが、森と植物同士、あるいは植物と昆虫が共生していることが分かってきました。ある葉っぱが虫から食われた時、視力が0・01しかない、あまり見えないテントウムシが500メートル先や1キロ先から飛んできてその虫を食べに来る。これは目で見て来ているわけではない。ある植物学者の実験によると、虫が食った葉っぱからSOSの信号が出ているのだと言います。

そのSOSの信号にのっかってテントウムシが来て、葉を食べている虫を食べる。また、地中でも同じような共生が行なわれていて、木と木は菌糸を介して根っこでつながっているという話。そのスケールの大きい自然界の真理を見習った時に、やはり同じことが人間にも起きているということを示しているわけです。すなわち今話したように「寄り添う」ということ。寄り添ったほうも、寄り添われたほうも強くなっている。それこそが共生であるわけです。

下澤　はい。まさに共生の世界を見せていただいています。先生は気で、それと同じことを瞬間に誰にでもそういうことをさせることができます。それは先生から何らかの電波のようなものが出ているということでしょうか。

宇城　そうですね。発する側の電波を言葉で言うと「念」です。一方受け取る側のセンサーは37兆個の細胞にあります。これは実証事例から明確です。この37兆個の細胞は、全部脳とつながっています。いつも言うように五感では気はキャッチできないですね。五感には視覚、聴覚、触覚、味覚、嗅覚があって、「見る」は視覚の領域ですが、見えないものを見ることができません。すなわち五感を通しても目に見えないものは見ることも感じることもできません。しかし五感以外の方法でそれができるわけです。

それは見えないけれどその人の変化で分かるのです。たとえば、その人の身体に触れていると、目に見えず感じることができなくても、気によって電波が伝わると、その人の身体がぱっと変わるのが分かります。そしてそれは念じた通りに変化します。

たとえば、四つん這いになった人の背中を上から押さえると、全く押せなかったのが、気で変化させると、すなわち異次元時空を作ると、その背中がぐーっと沈んでいく。瞬間に変わるのが分かるわけです。

下澤　先生が気を送る前はどんなに背中を押してもうんともすんとも言わなかったのが、気を通されると背中が柔らかくなって沈み込んでいきます。先に「できる未来」が見えるように感じます。それもあいまいではなく。

宇城　身体が変化するということは、そこに何らかのエネルギーが加わったということです。そのエネルギーを感知できるのは、五感ではなく37兆個の細胞にあるわけなんですね。しかしそれは押す人の筋力の力が増したとか、逆に四つん這いの人のほうが弱くなったということではなく、そこに統一体からくる「調和」が生まれ、その融合の結果、そういう力が引き出されているということなのです。

それと先ほどのスクラム押しもそうですが、相手と真っ向から対立したら、押すほうがすでに負けているような状態になります。そこに気を通すと、そこに変化が生じ、押す人は簡単に相手を倒すことができます。しかしそれで終わりではなく、倒された人は、「やられました」ではなく、今度は倒された人が、また別の人を倒すことができるという世界になっていくのです。それが調和・融合の世界です。

つまり調和の世界には「強い、弱い」がない。そのことも証明しているわけです。そうするとそこに「競争」という発想が出てこない。

動物界の中でも競争はあるけれども、それは種の保存のための闘いであって、それ以外はみな助け合っているということです。

測れない重さ、エネルギーの存在

宇城　気については、今後もっと分かる時がくると思っています。気はエネルギーだから、今は測る方法がない。

体重計に乗った人が60キロだとする。その人を後ろから持ち上げると、簡単に持ち上がる。しかし、そこに気を入れると、急に持ち上がらなくなる。でも体重計は60キロのまま。体重は同じなのに、これをどう説明するかです。

鳥が飛んでいる時の重さというのが、いくらなんですか、という話と同じですね。鳥が死んだ時の重さと、空を飛んでいる時の重さは違うのではないかということです。

水中でもそうですね。ペンギンは陸上ではよちよち歩きますが、水の中では泳ぐ。それは飛んでいるのと一緒です。水の中だったら空と一緒で飛んでいる感じになる。魚も水の中でいわば飛んでいるようなもの。その重さや動作の違いをどう説明するかなのです。

下澤　次元が違うのだから、まさに今の三次元（四次元）を対象とした科学のあり方では答えは出せないところですが。

宇城　空手に置き換えてみると、体重が重い人のほうが一般的に強いのが分かっています。そこで体重計では60キロの人が気をかけられることで持ち上がらない重さ、たとえば90キロになったとする。すると、その人のパンチは60キロの時より重たく強くなってきます。しかしその人が「打とう」とすると、意識が働いて、せっかくのエネルギーは消えてしまい、そのパンチは元の60キロから出るパンチになります。

下澤　はい、確かに、先生より体重がはるかに重い塾生が先生に突いていっても、先生に対しては体重差は関係なくなります。

鉄を突いても痛くないのはなぜか

下澤　メリケンサックに対する突きの検証も今の科学では解き明かせない事象がたくさんあります。検証は、腹に厚さ10ミリの鉄のメリケンサックを当て、その鉄に打ち込むというもので、その後ろには4人が列を作って支えている状況でした。

そこに我々黒帯数名が順番に突いていったのですが、それが正拳突きであれ、手刀打ちであれ、肘打ちであれ、裏拳打ちであれ、掌底打ちであれ、とにかく痛い。鉄でしかも凸凹があるので激痛が走って悲鳴を上げるほどでした。しかも5人の列はびくともしませんでした。

それが先生の場合、どんなふうに打っても全く痛くなくて、さらに連なった5人を動かすというのは、普通では絶対にあり得ないことだと思います。高次元の何かが通っているとしか言いようがありません。

宇城　空手では板に縄を巻いた「巻き藁」を突いて拳を鍛えるということが空手の伝統であり、それは今もやっていますが、それに対してこの鉄に打ち込むというのは見ての通り、激痛が走り、普通ではまともにはできません。しかし鉄に打ち込むことを平然としてできる、なぜでしょうか。
またなぜ1人ではなく5人の列を使って検証しているかと言うと、1人では実際に効いているかどうかが分からないから、列を作ってその威力を確認するためです。打った瞬間、手は全く痛くなく、かつその威力は貫通して一瞬に列全体が吹き飛ばされていきます。それで徐々に衝撃が伝わっているわけではないことが分かると思います。

下澤　はい、一瞬で列全体を貫いて、列全体が動く。それも、突いた瞬間、後ろのほうがより加速しています。

宇城　しかし皆さんの場合は、打った瞬間手に激痛が走り、しかも列はびくともしませんでしたね。つまり打ち込む力が全く効いていないということです。それは当然のことで、打ち込んだ瞬間、激痛が走るわけですから、つまり、鉄と思い切り衝突しているわけで、そこで力はストップしてしまっているということですね。

私の場合は普通に打てるし、打つとそれが列に貫通していく。手も全く痛くない。この違いはどこから生まれてくるのか。

この実証事例を通して言えることは、

①　一般的には誰がやっても痛いというのが常識です。そして実際打ち込んでみると、その通りの激痛が走るということ。

②　一方、宇城が打ち込む時は、全く痛みがないので、その常識はすべて覆ってしまいます。つまり、今の知識や常識にないことが実証されているわけです。

メリケンサックを束ねた鉄への突き。威力は貫通し、5人は後方へ吹き飛ばされる

この二つの違いはまさに「実証先にありき」があるから見えてくる課題であり深さです。

鉄に「打ち込んでも痛くない」という実証には、今の知識、常識を超えた何らかの真実が隠されているわけです。「刊行にあたって」のところでも述べていますが、すべてが一体となるからできるわけで、このすべてと一体となるのが「術」であるのです。その真実こそが真理だと言えます。すなわち「実証＝真理」です。「実証先にありき」の事実は、後追いで仮説、理論が生まれます。術が先にあって学が後追いということです。宇宙や自然界はすべてそうなっていて、いつも科学が後追いですがね。

下澤　私は2度ほどこのメリケンサックへの突きを体験させていただいたのですが、打つ前から相当な痛みがあることが分かっているなかで「やってみる」という感じで、鉄に当たった瞬間、飛び上がるほど痛く、同時に全く焦点も定まらず、相手に何も伝わっていないこともよく分かります。また翌日当たった部分を見ると、内出血してあざになっていました。

しかし先生はなぜ痛くないのか。本当に不思議です。でも言えるのは、私も含めてですが、打つ前にかなりためらう。躊躇しています。しかし先生にはそのためらいが一切ありません。

宇城　「やってみる」と当然激痛が走る。やらなくてもその予想は100％当たります。裏を

メリケンサックへの肘打ちをする（下澤）
ためらった末に打ってみるが、激痛が走り
列には何も影響がない

返せばすでに痛いと分かっているからためらうのですね。それは身体は打つ前から分かっているということです。すなわち今の身体では鉄に打ち込む答えを持っていないということ、つまり未知の領域にある事象に対して答えを持っていないということなんですね。そういう状況下では、どうしたらできるのかを説明しても分からない。だからやってみせるわけです。

まず自分がやってみせる。やってみせる自分からすると、その人ができるか、できないかは事前に分かる。脳や知識では先のことを計り知ることはできませんが、今の中にある未来が分かっている。それは身体の細胞時間、百万分の一秒というスピードが、無意識領域でそれをキャッチしているということです。そこにどうしたらできるようになるかの方法はないわけです。

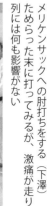

真剣勝負の打ち込み

宇城　さらに、鉄の上に女性が手の平を置いてそこに宇城が打ち込むという検証もやっていますが、このような実証は一般的には想像すらできない設定だと思います。またこの検証は事前に稽古することはできません。ましてや一か八かでやれるものでもありません。まさに真剣勝負の打ち込みです。たとえ自分に真剣勝負の覚悟があったとしても、相手の状態はどうかということです。相手のことが分かっていない一方通行の真剣勝負は一か八かと同じで相手に怪我をさせます。

普通であったら手に激痛が走り手の甲は骨折していると思います。だから手を置いた女性は普通だと怖さから打ち込む前に手を引いてしまうと思います。私の場合は相手に絶対怪我をさせないということが事前に分かっているからできる。実際打ち込んでも、女性は手に全く痛みを感じていないし、かつ列は後方に吹き飛ばされています。

女性はこの時のことを感想で、「他の人がやる時には怖さや不安が先にきて手を引っ込めてしまいますが、先生がされる時には安心感が先にあり、その上で先生の突きは全く痛みがなく、エネルギーの威力だけが私の手の平を貫通していくようでした」と述べています。

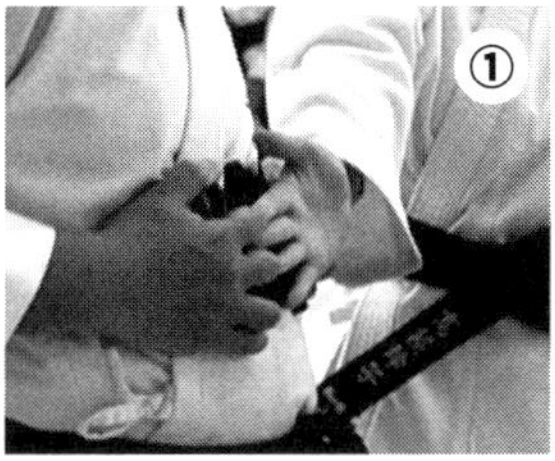

①鉄の上に女性が手を置く

②そこに突きを打ち込む

③女性の手に痛みはなく、かつ5人の列は後ろへ飛ばされる

下澤　榎本師範からお聞きしたのですが、師範が小学校1年生くらいの時に、先生から熱の入った指導を受けていて、先生が「こうやろ」と見本を見せた時に、その後ろに立っていた師範の目に先生の肘が思いっきり当たってしまったのだそうですが、ビックリして泣き出したものの、痛さも傷もなかったのだと。師範はそれがずっと不思議だったそうですが、「今考えると、先生の突きは、当時からすでにそういう貫通する突きだったと言えるのでは」と、メリケンサックへの突きの検証を見て、やっと不思議の答えをもらった感じがした、と言われていました。

宇城　まさに調和・融合の打ち込みです。宇宙の創造物である人間の調和・融合は「謙虚」であり、その反対の対立・競争は「横着」になります。このように武術の場合は、基本的にやってみせるということが指導なのです。

気を通したらこの鉄を打つことだって誰でもできます。実際にできなかった人が皆できているでしょう。先ほどは痛かったのが一瞬にして変容しているわけです。そこに努力、訓練は必要ないことが分かります。

下澤　はい。先生に気を通された瞬間、打つ前から痛みがないことが分かるのです。また実

①宇城が気を通す
②躊躇なくメリケンサックに肘打ちを入れる
③肘は痛くなく、列は後方に吹き飛ばされていく

STEP・1 メリケンサックを束ねた鉄に打ち込む

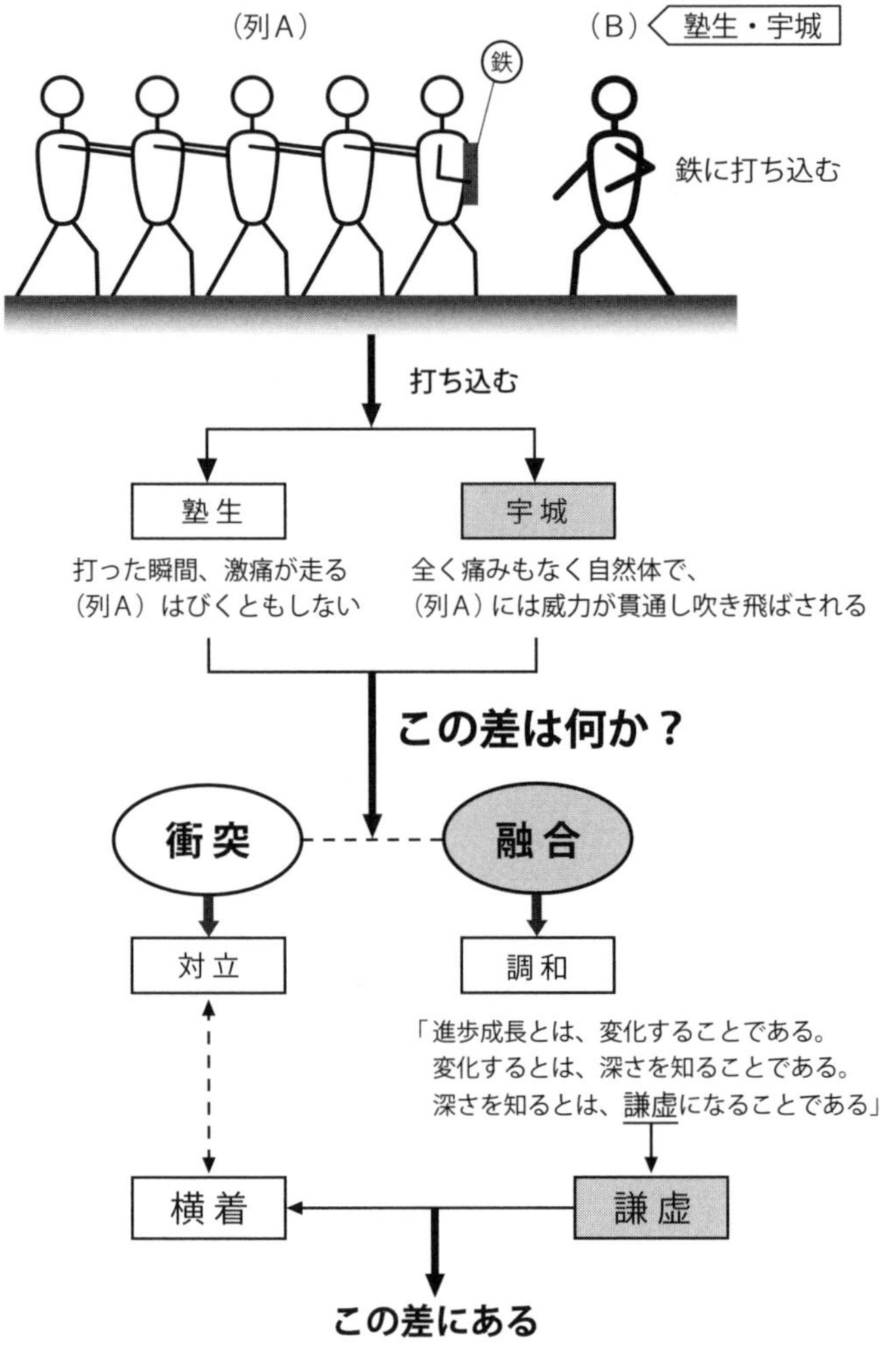
（列A）
（B）
塾生・宇城
鉄
鉄に打ち込む
打ち込む
塾生
宇城
打った瞬間、激痛が走る
（列A）はびくともしない
全く痛みもなく自然体で、
（列A）には威力が貫通し吹き飛ばされる
この差は何か？
衝突
融合
対立
調和
「進歩成長とは、変化することである。
変化するとは、深さを知ることである。
深さを知るとは、謙虚になることである」
横着
謙虚
この差にある

STEP・2　メリケンサック上に（C）が手の平を置く

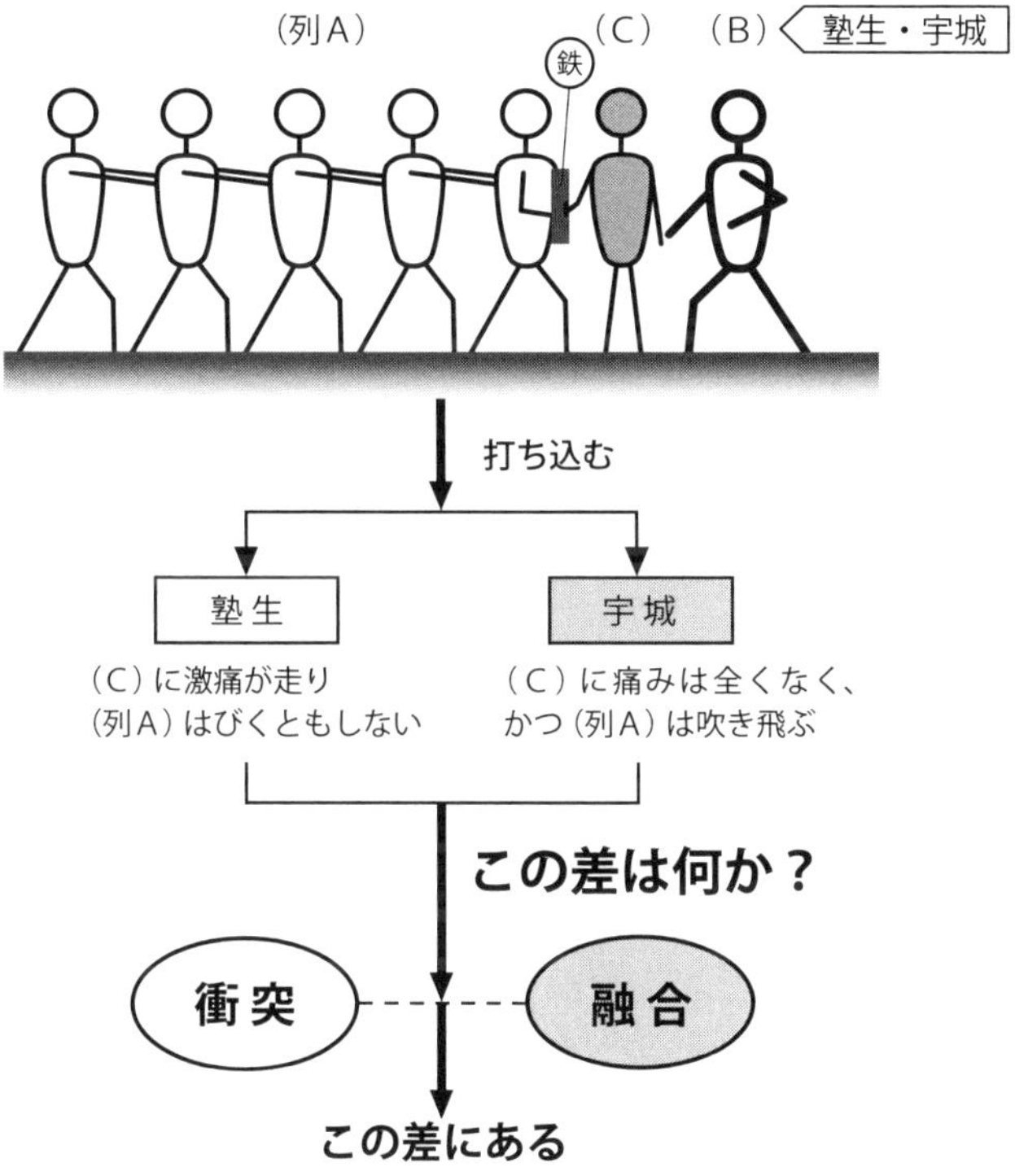

STEP・3　気を通すと、誰もが自然体でできる

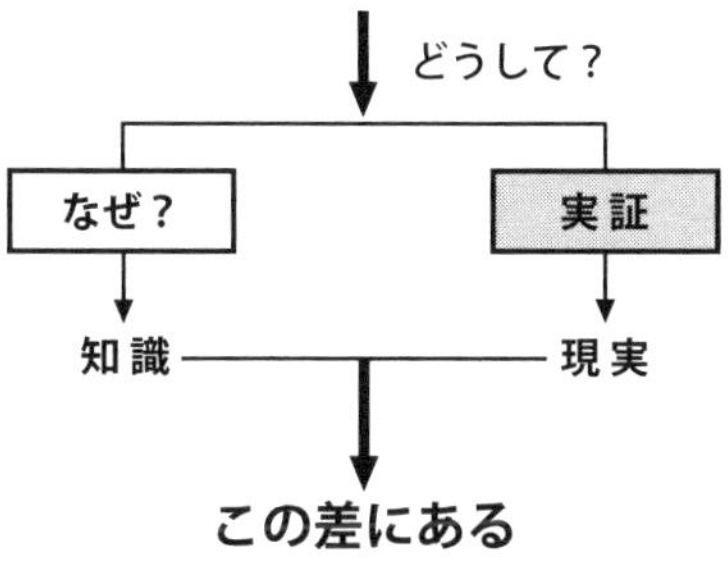

際当たっても痛みは全くなく、焦点が合っていて、メリケンサックを通り抜けて相手にエネルギーが伝わっていることが分かります。翌日、当たった肘の頂点のところを見ても、全く何の問題もなく、赤みも差していない普通の状態でした。後から思うに「やってみる」という感覚は消え失せ、気がない時の、全力と思っていた状態が迷いだらけだったことが分かります。また、今までの「集中」という概念が間違っていたことが分かりました。

宇城　鉄を打って痛いのは当たり前。しかしそれを可能にするのが術であるわけです。鉄との間に人の手を入れてもそこを傷めずに貫通させることができる。相手に怪我をさせずにやれるという根拠は全くないわけですが、私には、打つ前に怪我もさせず痛くないということが分かるからできるんです。まさにこの実践こそが今の常識にはないもの、すなわち相手を守りながら観念させて倒すという武術本来の「戦わずして勝つ」のあり方であるということです。

一方、突く前に躊躇するのは、すでに身体が先に「打ち込んだら痛いぞ」と予知しているからです。すなわち鉄に打ち込めないということを身体が教えているわけです。それに素直に従えば怪我もしないということですよね（笑）。

下澤　空手界では昔から一般的に巻き藁を突いたり、瓦を割ったり、板を割ったりして拳の強さを誇示してきたところがあるわけですが、鉄に打ち込むとなると強さとは何か、その本質が分かってくるということですね。

宇城　そういうことです。勝ち負けだったら、たとえ空手のチャンピオンになったとしても、ライオンの檻には入れない。一方でライオンを抱く人もいるわけです。人間の強さとは何かということですね。そうすると空手伝統の拳の威力を作る「巻き藁突き」という鍛錬のあり方も、何のためにするかを一度踏み込んで考えてみる必要があるということです。武術はそれを教えているわけです。

下澤　100人以上いる合宿で先生が、大勢を自由にしかも触れずに動かすのを何度も見せていただいていますが、本当に不思議です。「絶対に動かないように腰を落として踏ん張っていなさい」と言われて、我々は一生懸命踏ん張るわけですが、それでも動かされてしまいます。

それとこれも先生がよくやられるのですが、数名が一列になっていて、一番前の人の手をぱっと先生がはじくと、その列は動き出して、どんどん加速し止まることができずに最後には狂ったように動き出します。宇宙の加速膨張のダークエネルギーと同じような印象を受けます。実際あのエネルギーは一体どこからくるものなのでしょうか。

宇城　誰が見ても不思議ですよね。まさに「やってみせる」という実証先にありきです。たとえそこに理屈をつけても、実際にその理屈・理論通りにできるのかということですね。科学の本にダークエネルギーがプラスだったら膨らむし、マイナスだったら縮むと書いてあるけれども、それを実際にやってみせる科学者は見たことがない。しかし、私はそれをペットボトルを使ってやってみせていますよね。

下澤　はい。両手でしっかり持っているペットボトルが確かに先生の気で膨らんだりへこんだりしますが、あれも本当に不思議です。ペットボトルの変化だけでなく、その周りにもそれが影響します。

宇城　科学者ニュートンは哲学者であるプラトンやアリストテレスをとても尊敬していたけれど、本当に哲学だけで世界を知ることができるか疑問に思い、哲学の素晴らしさは認めつつも哲学だけでは真理に辿り着けないと、数学の世界に舵を切ったと。そういう切り替えがあったからこそ、万有引力の法則や微積分学などに辿り着いている。

　それと「知は力なり」で有名な哲学者であり政治家であり法学者でもあったフランシスコ・ベーコンも、「哲学だけでは新しい発明や発見につながらない。大事なのは観察と実験だ」と言っていますね。

下澤　はい。何度も何度も先生の気の不思議を見せてもらっているし体験をさせてもらっていますが、どうしてそうなるのかが本当に不思議で……。

宇城　「どうして動かせるか」と思った時は、その時点でできないということなんです。もちろん疑問を持つのはいいのですが、疑問をいつまでもとどめたり、理屈の追究になると、その実践は意識的となり、今の常識にないような未知の世界になかなか結び付いていきません。「動かせると思ったから、動く」すなわち無意識下での悟り、これが真理ということです。

量子力学などの理屈ではもっともらしい説明はつきますが、実際やってみる段階ではもっと奥の深い境地があることははっきりしていて、それが今の科学を越えた先にあることは確かなのです。そのことは未知の世界、すなわち未来への問いかけとも言えます。

榎本師範が柱への突きを自らやってみたいと思った。榎本師範は型をすることによって「なんかやれそうだ」というのが先に出てきた。「できる気がした」と。そして、実際やってみたらできた。ここに宇城空手の本質があるわけです。すなわち内なる意識、つまり無意識下での実践ができるわけです。この「できる気がした」という内からのメッセージが、その人の尺度、目盛りになるわけです。

下澤　先生がよく、我々が正座をして両肩を上から2人に押さえられているような時、通常では立てそうにないけれども、先生に気をかけてもらうと、途端に「立てる気」がして、実際立てる、というのを体験していますが、まさにできる時というのは、その「できる気」が先にくるということなのですね。

守りながら相手を観念させる

宇城　そうです。まさにそこに向かう内なる気の発動ですね。そのことが、同時に「できる」ということです。そうやって一瞬にして気によって変容させる異次元時空を今後多くの人が体験すれば、素晴らしい未来が見えてくると思います。科学はもちろん、医学、脳科学、量子力学、物理学、心理学、宗教、哲学という分野からの検証を考察していき、今の常識や科学にない未知の分野を切り拓いていくことは大きな希望になると思っています。

異次元時空の活用については、医術とも言うべきところですでに実践活用していますが、未来の希望であることは間違いないと思っています。

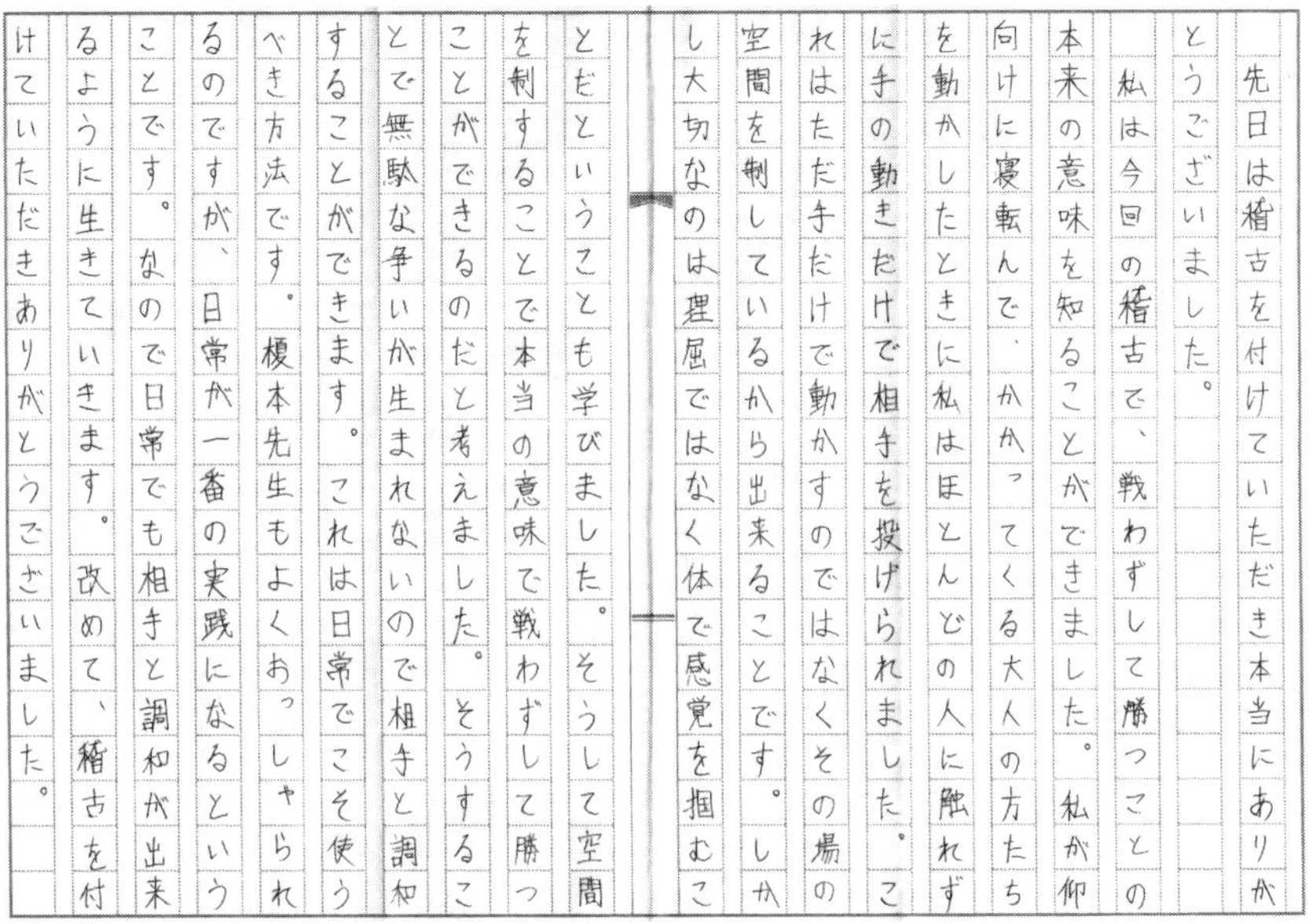

先日は稽古を付けていただき本当にありがとうございました。

私は今回の稽古で、戦わずして勝つことの本来の意味を知ることができました。私が仰向けに寝転んで、かかってくる大人の方たちを動かしたときに私はほとんどの人に触れずに手の動きだけで相手を投げられました。これはただ手だけで動かすのではなくその場の空間を制しているから出来ることです。しかし大切なのは理屈ではなく体で感覚を掴むことだということも学びました。そうして空間を制することで本当の意味で戦わずして勝つことができるのだと考えました。そうすることで無駄な争いが生まれないので相手と調和することができます。これは日常でこそ使うべき方法です。榎本先生もよくおっしゃられるのですが、日常が一番の実践になるということです。なので日常でも相手と調和が出来るように生きていきます。改めて、稽古を付けていただきありがとうございました。

大人との合同稽古の子どもの感想（中学２年生）　宇城による気の指導を受け、相手との調和を日常に活かすことに思いを至らせている

実証が先行しているので、やっているうちに今の常識の矛盾を打破し、希望ある未来につなぐことができると思っています。塾生にはあきらめずに前に前に進んでもらいたいと思っています。

　難しいなと思うのは、皆さんが今までの経験からものを見、考えるからなんですね。未知というのは今と過去にはない世界ですから。過去は振り返る必要はないし、前に前に進んだらいいと思います。未来すなわち未知の世界を教えるというよりも、示しているわけです。つまり、「こういうふうになりますよ、こういうことができますよ」ということを皆さんに体験させているわけです。

武術は相手を倒すためではなく、自分を守り大事な人を守る、そのために勝たなければならないことを教えています。それは究極の勝ち「戦わずして勝つ」にあります。ですから死ぬまで学ぶ価値があるものです。新しい自分の発見というのは人生においても日常においても活きてきますから、宇城空手はそのあり方を教えている、すなわち異次元の世界があることに目覚めさせるシステムを示しているわけです。それを日常に活かす、ということだと思います。

ビールの味は飲めば分かる

宇城　ビールの味はどんな説明、理論、理屈より「一口飲めば分かる」です。それがその人にとっての真実です。五感の中で「触覚、嗅覚、味覚」は理屈よりも身体の主観が優先します。「視覚と聴覚」は脳の潜在意識（自覚されないが、本人の行動や思考に影響を与える秘められた意識）が大きく影響するので、対象の捉え方について大きな課題があります。すなわち錯覚です。

武術の術や気を実践していると、その課題をとくに感じます。それは視覚や聴覚がいかに不確かで怪しいかが分かるからです。武術の術は内面によるところが大きく、とくに気など目に見えない事象の世界では、最小単位が目に見える物質ではなく、視覚で捉えられない素粒子という量子力学の世界になるからです。

したがって身体動作のあり方も、目に見える「力」つまり筋肉の動きという概念から、エネルギーによる動きという捉え方になります。

　この捉え方についていては、以下のような言葉でも分かります。

〈一度見れば分かる〉は、〈百聞は一見にしかず〉であり、

〈一度聞けば分かる〉は、〈一を聞いて十を知る〉ということ。

　さらに
「百見は一触にしかず、百触は一悟にしかず」です。

　まさに、この言葉通りのことが成り立っている世界があります。

　先日、ある国立大学付属特別支援学校の高校3年生が空手の稽古に見学に来たのですが、彼は私のやることを見るだけで、教えてもいないのに、そのまま真似てやってしまうのです。まさに一目見て同じことができた。健常者ができないのに、障がい者（この言葉には違和感を感じていますが）ができる。この事実から、私たちの障がい者を見る基準、常識に大きな勘違いがあることが分かります。

下澤　最初は恥ずかしがっていましたが、先生の技を見ているうちに自分もやりたいと入ってきていました。そして先生をただ真似るだけでできていたので我々はびっくりしました。

宇城　８人が組んだ大人のスクラムを、大人はできないのに倒していましたね。体験講習会などでもよくやっていますが、やはり大人が倒せないのに子どもは倒せている。つまり子どもと障がい者はできるということなんですね。

無意識領域を働かせる「術」の世界

宇城　この「真似る」と「学ぶ」の違いを実証事例から紐解くと重要なことが見えてきます。先ほどと同じ学校の別の生徒さんが別の日に空手の稽古に見学に来た時のことです。稽古前にその学校の先生から、その生徒が描いたという動物の絵を見せられたのですが、素晴らしいの一言でした。それぞれの動物が笑っていて、その表情になんとも言えない心地良さを感じたのです。塾生もその絵に全員感動していました。まさにその絵こそ、その日見学に来た生徒さん（柴崎優翔《ゆう》君）が描いた絵だったのです。

優翔君の目は本当に澄み切っていました。挨拶もそこそこに、まず私が１対５の腕相撲をやって、そのあと優翔君に「やってみて」と言ったら、即できたのです。その後の触れずに相手を倒す腕相撲もなんなくできたのです。

普通の大人がやってもできないのに、彼は一瞬にしてできました。見ただけでできる。普通の人は見ただけではできません。見る力の違いです。

普通の人の場合は、目から入力された情報が脳に送られ、その脳のフィルターを通すことで脳の命令すなわち意識でやるので、そこに相手との衝突が起き、力負けしてしまうというプロセスとなるのですが、彼の場合は、腕相撲を無意識領域、すなわち深層意識でやっている。つまり脳のフィルターが素直で、見たものを直写ししている。だからできる。

子どもと障がい者ができて、大人ができない、この共通点は、無意識か意識かなんです。子どもと障がい者の場合、意識でなく無意識が働いているんですね。いわゆる欲がない。一般の大人は「やってやる」という欲があるし、余計な考えや動きがあるから、本来持っている力を自ら使えなくしているんですね。

私が今の常識にない未知の領域を開拓できるのは、無意識領域を働かす「術」を極めているからです。まさに鉄に打ち込むという今の常識にない例も同じです。「鉄に打ち込んでみて」と言われたら皆は「それは無理です」と言うと思います。それは過去の延長線上にあるからなんですね。しかし、鉄に打ち込む姿を見せると、子どもや障がい者の場合は、まだ見たことのない世界、すなわち未知の世界に興味を示し、そこに向かっていくエネルギーが湧くんですね。それは純粋だからです。だからこそやってみせる指導が大事になってくるわけです。

武術で大事な教えに「理合」というのがあります。理というのは自然の法則と思ったらいいですが、宇城空手は自然の理に従っているから、そこに矛盾がないのです。「死ぬ時が最高」を目指すことがなぜ大事かと言うと、次の世代に受け継ぐ必要があるからです。

大豆は枯れ切ってこそ、土に埋めると芽を出します。青い枝豆の豆では土に埋めても芽は出ない。枯れ切る大豆こそが次世代への芽となる。我々人間も「生き切る」ことによって次世代に芽を出すことができます。次の世代、次の世代に生き様を見せていくのが、人生の先輩であり指導者の姿だと思います。

まさしく、マハトマ・ガンジーが言っているように、

「明日死ぬがごとく生きなさい、
永遠に生きるがごとく勉強しなさい」

非常にいい教えだと思います。

第四章

宇城空手の真髄

文・宇城憲治

型の真髄

「型」は武術の術を深化させるために絶対的な存在です。また継承していく上でも、型の存在は絶対です。型は不変でありながら一人ひとりの変化・進化が読み取れる確実なバロメーターになります。しかし、回数を重ねるだけでは、当然のことですが、上達はありません。型の上達とは型の深化にほかならず、量質転化の法則は成り立ちません。

私は質が先にあってそれを身につけるのが量だと言っています。それ故に、質の手本は師・指導者が示さなければなりません。

型の外形だけの上達を求めるのであれば量質転化はあり得るかもしれませんが、型の一挙手一投足が武術的要素を持つためには内面によるところが非常に大きく、内面は目に見えないだけに見て覚えるというわけにはいきません。そこへの気づきは重要です。師を映すしかありません。

内面は目に見えないですが、身体に触れることによって見えてきます。指導ではその感触を自分なりに再現するように言っています。たとえば、「ゼロ化」する時の状態を言葉で説明しても、その言葉の意とするところは受け取る側の力量次第なので、言葉はあくまでも参考程度にしかならないということです。しかし一触すれば、その状況を感じ取ることができます。

たとえばそれがサンチンの型の「腕受け」で、腕を数人にしっかり握ってもらい、それを崩します。その時の変化が言葉で言う「ゼロ化」であり、触れて感じるという感触が実態で真理です。「ゼロ化」の術が効いてくると、握っている人の力が抜けていくという変化が、握っているほうも握られているほうもよく分かります。そしてゼロ化されると簡単に投げることができます。このゼロ化は瞬時にも、また指導のためにゆっくりしていてもできます。倒せない人の身体と比較すれば、容易にその違いを感じることができます。

型の上達とはこのように内面の変化と型に内包された本質に近づくということ、すなわち深化です。そのためには指導者はまず「やってみせる」が必要です。口だけでは教えられませんし、また口で教えられるようなものでもありません。「術」の修得はそれだけ厳しいものです。

一方で内面の深化は外面にも自然と出てきます。その変化はゼロ化であればゼロ化ができた者にしか見えない変化です。

型に秘められた術は、最初から完成形であるはずです。それは内面の深化によって分かってくるもので、「型」をただ繰り返し稽古するだけでは、似て非なるものとなり、肝心な術技の創出は起こりません。

型の継承

型は武術の根源を成す不変のもので、「型の継承」はその伝統をつないでいくためにも絶対必要です。それは型に内包された生きた術を「やって見せる」を通して、初めて継承できるものです。それだけに指導者は誰よりも勉強しなければなりません。

一方で型はあらゆることから自分を守ってくれる魂のような面があります。スポーツでは型試合というのがありますが、組手では判定、型では審査員の主観判定になり、術的な内面は見ることができません。

スポーツの場合、内面はスピリチュアル的な要素となりますが、武術ではそれがかえって邪魔になります。武術の「術」は人間の可能性を引き出す、すなわち本来人間のＤＮＡに備わっている自分を守るため、生きるための潜在力にスイッチを入れることによって引き出されるものです。まさに「心の発動が気を生み、技となり形となる」です。

不変の型があるからこそ、普遍の形も生まれ、その継承によって伝統として永遠となり、不滅となります。しかし継承者にその力量がなければ、そこで終わりです。まさに「術」を身につけるとは、勝った、負けた、上手い、下手の世界ではなく、ひたすら真剣に型の真髄を追求する姿勢そのものでなければならないということです。

分解組手の真髄

型のそれぞれの挙動の意味や効用を検証するのに、型の分解組手は非常に重要かつ有効な手段と言えます。型稽古で一番大切なことは身体の「ねじれ、しゃくり」を取ることです。それは「ねじれ、しゃくり」は、中心ができていなかったり、力に頼ったりしていると起こるからです。

外観で「ねじれ、しゃくり」が分かるようでは話になりませんが、たとえ外観で分からなくても、内面ではほとんどの人に「ねじれ、しゃくり」が起こっています。この「ねじれ、しゃくり」はその人に触れてみれば分かります。どういう型、どういう技をしても、内面の「ねじれ、しゃくり」がないことが必要です。

相手との攻防で型のそれぞれの挙動を検証するのが分解組手ですが、先ほどの「ねじれ、しゃくり」の度合いで、技のかかり具合も変わってきます。稽古の積み重ねによって「ねじれ、しゃくり」が少しずつ軽減されることによって、技のかかりも鋭くなってきます。分解組手でさらに重要なのは、「居付き」をなくすことです。居付きはこだわりから生じます。こだわりが強いほど視野が狭くなり、力勝負になり極度の一点集中が起こり、技はかからなくなります。この「ねじれ、しゃくり」そして「居付き」の三つが取れて初めて、部分から全体を司《つかさど》る中心ができてくるということです。

型と分解組手との一対の稽古は武術の術の修得には絶対欠かせないものです。その度合いはさらに応用組手として発展進化させることができ、稽古体系としてフィードバックシステムが取れるので、迷うことなくステップアップにつながる稽古をすることができます。

居合の導入

２０２０年より空手の稽古に加えて、私が40年近く稽古してきている居合を導入しました。それは、真剣の居合と素手の空手とを合わせることで、空手をさらに深化・進化させるためです。

まず空手と居合の大きく異なるところは「姿勢」と「正中線」のあり方です。本来武術としてここは同じであるはずですが、現在に見る空手の試合スタイルは真剣を持った武術からするとあり得ないことであり、居合の稽古ではその姿勢と正中線をとくに重要視しています。

国際松濤館空手道連盟主催　第 25 回全日本空手道選手権大会での居合模範演武
無双直伝英信流の型（2005年）

木剣での型稽古　東京実践塾（2022年）

アメリカ・シアトル空手セミナー（2018年 9月）

ドイツ・ベルリン空手セミナー（2019年 6月）

ハンガリー・ブダペスト空手セミナー（2019年 10月）

それと「手の内」です。これは空手にはないところです。

宇城空手の特徴は「空手」に「居合」と「気」を融合したことにあります。すなわち、素手の空手と武器の居合、そして最も重要な目に見えない「気」の三つを融合しています。これにより武術の術を進化させ、かつ心と身体の偏りや思考を正し、人生道に活かすことにつなげていくことを目指しています。国内はもちろん、海外支部でもこの融合した宇城空手を稽古しています。

宇城空手の真髄「気」

武術の「術」にとって「気」の存在は絶対です。それは今までの空手や、一般常識にもないようなことが「気」によって瞬時に可能になることからも明確です。また「気」は今にある矛盾を一瞬に解決してくれるすぐれものです。

「気」について、その効用や可能性は実証していることから実態としては分かっているのですが、「気とは何か」を学問的に、科学的な見地からあらゆる世界の資料、書籍を調べるも、一見実証的なものはあっても理論、理屈が主体で納得するものはありませんでした。

いずれ後追い、後付けの理論、理屈や科学によって分かる日がくるかもしれませんが、そういうなかで「気」は間違いなく異次元時空を創り出すことができる、すでに今の中に存在する未知のパワーだと言えます。それはその異次元時空に入れば、どんな人でも今の常識にないようなことが瞬時にできるようになるからです。

たとえば触れずに多勢を動かすことができるのも、目に見えない何かが存在しているからで、私はそれを仮に「電波」と言っていますが、まさに空間の中を自在に電波が飛んでいることの証しとも言えます。

このように「気」は不思議なエネルギーですが、武術には絶対的なものだと思います。一般的なあり方として、筋力による力の概念は古典力学の世界であり、「気」のようなエネルギーの概念は、量子力学の世界だと言えます。しかし、それもまた理屈であって、何と言っても実際使えるという「術」と「実証先にありき」こそが大事だと思っています。

宇宙からのエネルギーを取り込む充足度の度合いが調和か対立かのバロメーターになり、自然界が共生のコミュニケーションすなわち調和で成り立っていることからすれば、人間界も同じく気によって未知のエネルギーを取り込むことで調和の潜在力は引き出されていくと思っています。逆にエネルギーを取り込めない対立世界は衰退の方向にベクトルが向いているのではないかと思っています。

不変の「型」の存在、あり方は、未来永劫に「不易流行」でなければなりません。すなわちその本質は不変でありながら、時代時代に活かせるものでなければならないということです。まさにそれが人間の根源「心」です。

「心の発動が気を生み、技となり形となる」

技は人の行動でもあり、形はその人の人格のことでもあります。武術の技の真髄は、相手を倒す以上に、相手と調和し、相手を生かし自分を守ることにあります。その調和こそが宇宙に生かされているという謙虚な人生につながり、まさにその修業の場として宇城空手はあるのです。

本著が、この宇城空手を通した自らの潜在力への気づき、さらなる前進につながるものになれば幸いに思います。

感謝

宇城憲治　うしろ けんじ

1949年 宮崎県小林市生まれ。
エレクトロニクス分野の技術者として、ビデオ機器はじめ衛星携帯電話などの電源や数々の新技術開発に携わり、数多くの特許を取得。また、経営者としても国内外のビジネス界第一線で活躍。一方で、厳しい武道修業に専念し、まさに文武両道の日々を送る。
現在は徹底した文武両道の生き様と武術の究極「気」によって人々の潜在力を開発する指導に専念。空手実践塾、宇城道塾、教師塾、各企業・学校講演、プロ・アマ スポーツ塾などで、「学ぶ・教える」から「気づく・気づかせる」の指導を展開中。著書・DVD 多数。

㈱ＵＫ実践塾 代表取締役
宇城塾総本部道場 創心館館長
潜在能力開発研究所 所長

創心館空手道 範士九段
全剣連居合道 教士七段（無双直伝英信流）

榎本麻子　えのもと あさこ

1975年 大阪府高槻市生まれ。
４歳より父、宇城憲治に空手を学ぶ。20 代より師範代として、空手実践塾で指導。本部道場の子供空手塾、各空手実践塾のほか、海外セミナーでも指導にあたる。

㈱ＵＫ実践塾
創心館空手道 師範
子供潜在能力開発研究所 主幹

創心館空手道 教士七段

宇城空手の真髄と継承（一）

共に未来へ ―― 親愛なる塾生たちへ ――

2023年6月16日　初版第1刷発行
2023年7月26日　　　第2刷発行

著　者　宇城憲治　榎本麻子

定　価　本体価格 2,100円
発行者　渕上郁子
発行所　どう出版
〒252-0313　神奈川県相模原市南区松が枝町 14-17-103
電話　042-748-2423（営業）　042-748-1240（編集）
http://www.dou-shuppan.com
印刷所　株式会社シナノパブリッシングプレス

ISBN978-4-910001-32-6